Gespräche mit Amma 3

# Gespräche mit Amma 3

## Aus den Fesseln des Ich zur Freiheit des Selbst

*Mata Amritanandamayi*

Ansata-Verlag

Aus dem Englischen übertragen von Reinhold Schein
Lektorat: Erich Wilzbach

Liebe Leserin, lieber Leser!

Dieses Buch, das Sie gerade in Händen halten, hat eine benutzerfreundliche **Spezialbindung.**

Obwohl nur broschiert, können Sie es *ganz* aufschlagen und es *flach* auf den Tisch legen, ohne daß der Buchrücken unansehnlich geknickt wird.

Titel der Originalausgabe:
AWAKEN, CHILDREN! VOL. VII
Dialogues with Mata Amritanandamayi
Edited by Swami Amritaswarupananda


*Deutsche Ausgabe:*

Gesamtherstellung: Kösel, Kempten
ISBN 3-7157-0197-8

# Inhalt

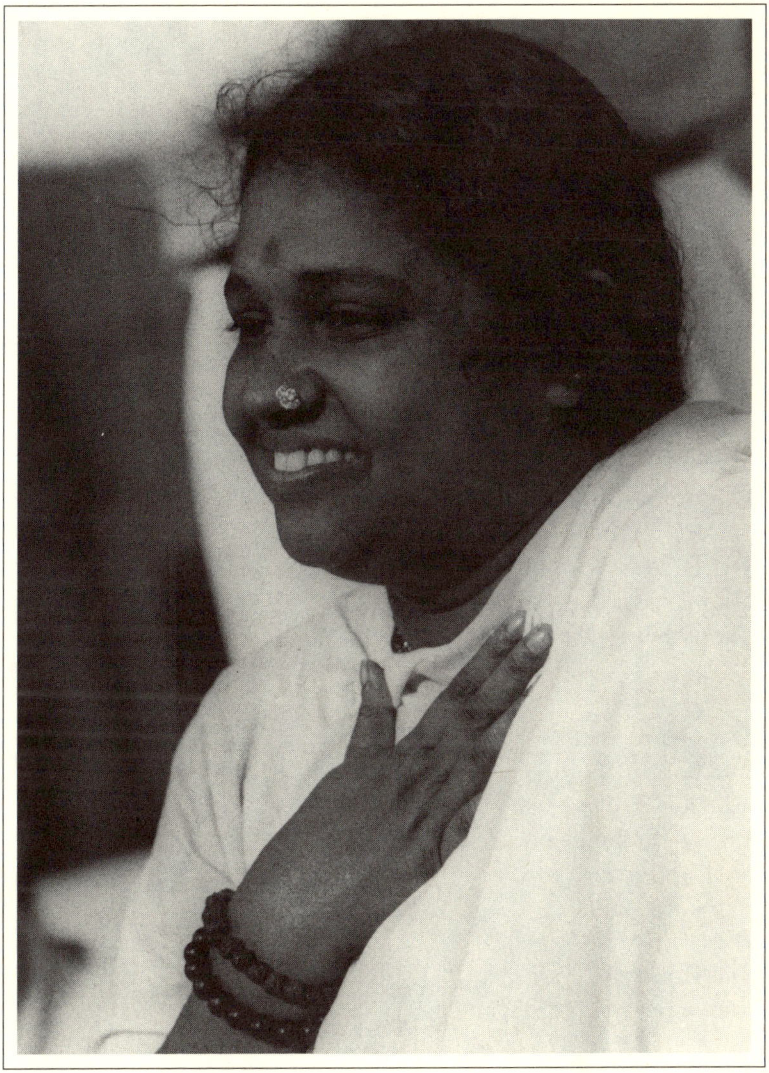

# Vorwort

Vedanta praktisch anzuwenden bedeutet, tief in das wirkliche Leben einzutauchen, es in seiner ganzen Fülle und Herrlichkeit kennenzulernen und zu erfahren. Der Vedanta verneint das Leben nicht; im Gegenteil, er ist lebensbejahend, ja er ist ein wesentlicher Bestandteil des Lebens. Er befaßt sich nicht mit Dingen, die außerhalb von uns liegen; vielmehr belehrt er uns über uns selbst, über unser wahres Wesen, unser wirkliches Sein. Die Lebensreise beginnt erst dann wirklich, wenn man anfängt, sein inneres Selbst zu erforschen. Mutter sagt: «Genau wie wir essen und schlafen, sollten wir Spiritualität zu einem festen Bestandteil unseres Lebens machen. Solange Spiritualität und Materialismus nicht ins Gleichgewicht kommen, kann man kein wirkliches Glück erlangen und das Ziel des Lebens nicht erreichen. Dieses Gleichgewicht ist die wahre Essenz des Lebens; es ist das Ziel des Vedanta und aller anderen wahren Religionen der Welt.» Dieses Buch, der dritte Band der *Gespräche mit Amma*, stellt für mich die Quintessenz des Vedanta dar. Es ist ein sicherer Weg zu einem wahrhaft glücklichen und erfolgreichen Leben. Jedes Wort hat eine tiefe Bedeutung und enthält die Spiritualität und das Leben als Ganzes. Die Lektüre dieses Buchs kann eine Meditation sein, ein Einblick in das eigene innere Selbst.

Überall in der Welt finden sich Leute, die als Experten auf ihrem jeweiligen Gebiet gelten. Sie halten Vorträge und veranstalten Kurse über die Kunst, ein glückliches Leben zu führen, Streß abzubauen usw. Dergleichen ist in unserer Zeit weit verbreitet. Sicherlich hat es auch einen gewissen Nutzen, doch nicht auf lange Sicht. Die Teilnehmer spüren eine zeitweilige Wirkung, aber bald fallen sie wieder in ihre alten Gemütszustände zurück. Warum? Weil ihre Lehrer selbst nicht fähig sind, zur eigentlichen Ursache des Problems vorzudringen und es ein für allemal mit seinen Wurzeln auszumerzen. Das kann nur ein wahrer Meister wie Mutter.

Wir leben in einem Zeitalter von Furcht und tiefem, quälendem Leid. Wie kann man sich aus diesem Leiden lösen? Wie soll man das andere Ufer des Seins erreichen? Wie soll man in all dem Chaos und der Verwirrung, die uns umgeben, ruhig und friedvoll bleiben? Hier ist der Weg, Mutter zeigt ihn uns. Und mehr als das: sie nimmt uns an die Hand und bringt uns zum Ziel. Worin liegt also das Geheimnis? Mutter sagt: «Sei ein unbefangener Beobachter und entferne dich nie vom wahren Zentrum deines Seins. Verweile im Selbst und beobachte einfach, wie alles sich abspielt. Wenn du die Kunst des Beobachter-Seins erlernst, das dein wahres Wesen ist, dann wird alles zu einem schönen, aufs höchste beglückenden Spiel.»

In ihren Gesprächen mit Schülern und Verehrern legt Mutter, die Verkörperung der höchsten Wahrheit, zum Wohle ihrer Kinder verschiedene Ebenen des Wissens dar. Im Licht ihrer nektargleichen, von Gnade erfüllten Worte sehen wir diesen klar umrissenen Weg ganz deutlich; wir müssen ihn nur beschreiten. Seid unbesorgt, es gibt nichts zu befürchten, denn Amma weiß, daß wir Kinder sind, noch unsicher auf den Beinen. Deshalb geht sie an unserer Seite und hält uns fest bei der Hand. Sie hilft uns und führt uns mit unendlicher Liebe und grenzenlosem Mitgefühl. Der Sieg ist unser!

Swami Amritaswarupananda
M. A. Math, Amritapuri
Quilon District, Kerala 690525
Indien

Die Begebenheiten in diesem Buch haben sich größtenteils zwischen Anfang Oktober 1984 und Januar 1986 abgespielt. Ausgenommen davon sind Mutters Besuch des Meenakshi-Tempels, der Mitte 1977 stattfand, ihre Ankündigung des Endes von Krishna Bhava im Oktober 1983 und der Tod des Dichters Ottoor Unni Nambootiripadu am 25. August 1989.

# Kapitel 1

# Unendlicher Atman statt begrenztes Ich

Wie ist es Mutter möglich, das Leben so vieler Menschen zu verwandeln, besonders das junger Leute, die die Freuden des Lebens noch nicht kennengelernt haben? Diese Frage wird von Gläubigen wie von Ungläubigen oft gestellt. Die Antwort ist einfach: Wenn wir bei Mutter sind und ihr in die Augen schauen, bekommen wir einen Einblick in unser wirkliches Selbst. Mutters Augen spiegeln die Unendlichkeit. Ihr ganzes Sein läßt uns den Seinszustand jenseits des Gemüts erahnen, den Zustand völliger Abwesenheit des Egos. In Mutter schauen wir unsere eigene Reinheit, die Reinheit makelloser Liebe, die Reinheit des Atman, des Selbst.

Angenommen, wir hätten unser ganzes Leben lang minderwertige Nahrung zu uns genommen, doch eines Tages bekommen wir zufällig eine nahrhafte, köstliche Mahlzeit. Wenn wir dieses wohlschmeckende, bekömmliche Essen einmal gekostet haben und wenn solche Nahrung ohne weiteres erhältlich ist – werden wir dann noch nach minderwertiger Speise verlangen? Nein, dann verlangt uns nur noch nach guter, nahrhafter Kost. So ist es auch in Mutters Gegenwart: durch jeden Blick, jede Berührung, jedes Wort und jede Handlung von ihr kosten wir den Nektar der Unsterblichkeit. Wir bekommen einen Vorgeschmack davon und spüren, daß darin unser wahres Wesen liegt, der Atman. Wir stellen auch fest, daß alles, was uns bislang Freude gemacht hat, nichts bedeutet im Vergleich zu dieser glückseligen Erfahrung. Es ist unsere erste Begegnung mit der Erkenntnis, daß wir nicht nur der Körper oder das kleine, begrenzte Ich sind, sondern das allmächtige unendliche Selbst, der Atman (Gott).

Wie Mutter erklärt, «kommen wir in die Welt, um zu erkennen, daß wir keine sanften Lämmer sind, sondern mächtige Löwen». Mutter erzählt eine Geschichte, die das veranschaulicht:

«Einmal brütete eine Henne das Ei eines Adlers aus, das irgendwie zwischen ihre eigenen Eier geraten war. Nach einiger Zeit sprangen die Eier auf, und die Küken schlüpften aus. Der junge Adler wuchs mit den Küken auf und scharrte wie sie auf der Suche nach Würmern im Boden. Von seiner eigentlichen Natur – der eines mächtigen Adlers – hatte er keine Ahnung. Die Wochen und Monate vergingen, alle Küken wurden zu ausgewachsenen Hühnern, und immer noch lebte der Adler unter ihnen und glaubte, er sei selbst ein Hähnchen. Er lebte in totaler Täuschung, im festen Glauben, ein gewöhnlicher Hahn auf einem Bauernhof zu sein. Eines Tages sah ein anderer Adler, der hoch am Himmel schwebte, unseren ‹Hähnchen-Adler› in einer Hühnerschar am Boden scharren und nach Würmern suchen. Dieser Anblick versetzte den Adler am Himmel in Erstaunen. Er beschloß, den Hähnchen-Adler von seiner Täuschung zu befreien und ihn zu retten; er wartete nur auf eine Gelegenheit, mit ihm zu reden. Als Hähnchen-Adler eines Tages allein war, kam Himmelsadler herab und flog auf ihn zu, doch sobald Hähnchen-Adler den großen Raubvogel vom Himmel herabschießen sah, fürchtete er sich sehr und gackerte wie ein Huhn. Sofort kamen alle Hühner zu Hähnchen-Adler gelaufen, um ihn zu schützen. So mußte Himmelsadler an jenem Tag unverrichteter Dinge fortfliegen. Aber bald darauf hatte sich Hähnchen-Adler einmal ziemlich weit von seinen Freunden entfernt, und Himmelsadler sah eine neue Chance, sich ihm zu nähern. Diesmal gelang es ihm, Hähnchen-Adler aus einiger Entfernung zuzurufen, daß er kein Feind sei, sondern ein Freund, und daß er ihm etwas sehr Wichtiges zu sagen habe. Hähnchen-Adler war mißtrauisch und wollte flüchten, aber Himmelsadler schaffte es mit Geduld und Überredung, ihn zurückzuhalten. Er erklärte Hähnchen-Adler, daß er kein gewöhnlicher Hahn auf einem Bauernhof sei, sondern ein mächtiger Adler wie er selbst, und daß er sich hoch in den Himmel aufschwingen könne. Himmelsadler sagte: ‹Du gehörst nicht auf die Erde, sondern in den weiten, unendlichen Himmel. Komm mit mir und erlebe das Glück, durch die Luft zu schweben! Du kannst das, denn du bist mir gleich – du hast dieselben Fähigkeiten wie ich. Komm mit, versuche es!› Auf diese Weise bemühte sich Himmelsadler, Hähnchen-Adler zu überzeugen, aber der war zunächst noch ganz ungläubig. Er dachte sogar, dies sei vielleicht eine Art Falle. Doch Himmelsadler, fest entschlossen, nicht aufzugeben, gewann allmählich mit Geduld und Feingefühl Hähnchen-Adlers Vertrauen und forderte ihn dann auf, zu einem nahegelegenen See mitzukommen. Da er Himmelsadler nun schon ein wenig traute, fühlte er sich etwas sicherer und kam mit ihm zum See. Als sie am Ufer standen, sagte Himmelsadler zu Hähnchen-Adler: ‹Schau nun ins Wasser! Betrachte dein Spiegelbild und sieh, wie wir einander ähneln!› Hähnchen-Adler blickte ins stille, klare Wasser. Er schaute immer länger und traute seinen Augen nicht: Zum erstenmal im Leben sah er sein Spiegelbild, sein wahres Abbild. Und jetzt erkannte er, daß er keineswegs wie ein Hähnchen aussah, sondern genau wie Himmelsadler. Nach diesem Erlebnis wuchs sein Vertrauen zu Himmelsadler über alle Maßen. Er wurde selbstsicher und befolgte bedingungslos die Anweisungen, die Himmelsadler ihm gab. Zuerst fiel es Hähnchen-Adler noch ein wenig schwer, sich vom Boden zu erheben, aber schon bald darauf konnte man die beiden Adler zusammen in majestätischer Würde am Himmel schweben sehen.»

Mutter sagt: «Die meisten Leute ähneln Hähnchen-Adler; sie verbringen ihr Leben in Unwissenheit und erkennen nicht, wo ihr wahres Zuhause ist.» Sie ruft uns in Erinnerung: «Kinder, ihr seid das allmächtige Selbst, die ganze Welt gehört euch. Ihr seid die Herren der Welt – in Wahrheit seid ihr sogar die Welt. Betrachtet euch nicht als schwach, ohnmächtig oder begrenzt.»

In Mutters Gegenwart erhalten wir einen Einblick in unser wahres Wesen. In ihr entdecken wir, wer wir wirklich sind. Wir werden still und schauen sie mit großem Staunen an, denn zum erstenmal im Leben haben wir eine Ahnung von unserem wahren Sein bekommen. Wenn Mutter sagt, wir seien nicht nur unser Körper oder unser kleines Selbst, das Ego, sondern das höchste Selbst, so gehen uns ihre Worte geradewegs zu Herzen, denn sie stammen direkt aus der höchsten Wahrheit, dem höchsten Atman. Sie erobert unsere Herzen ganz und hilft uns dann allmählich, uns zu den höchsten Gipfeln der Spiritualität aufzuschwingen. Wir haben wie Hähnchen-Adler gelebt, ohne zu wissen, wer wir wirklich sind. Im Glanz von Mutters Gegenwart geht uns blitzartig auf, daß wir nicht dieser Welt angehören, sondern daß wir das höchste Selbst sind.

Wenn wir uns mit Körper, Gemüt und Intellekt identifizieren, leben wir wie Hähnchen-Adler im Zustand der Täuschung. Wir sind mächtige, glückliche Adler, die sich in die Höhen des weiten spirituellen Himmels aufschwingen könnten; und dennoch leben und sterben wir wie Hühner, ohne unsere wahre Natur zu erkennen.

# Kapitel 2

# Das verrückte Gemüt

Mutter unterhielt sich mit den Brahmacharins (im Ashram lebende Devotees) und einigen verheirateten Devotees (geistig Strebende). Ein Brahmacharin stellte dabei folgende Frage:

«Amma, wenn wir tatsächlich der Atman sind, warum ist es dann so schwer, die Wahrheit zu erkennen?»

Mutter erwiderte: «Die Wahrheit zu erkennen ist immer zugleich das Schwierigste und das Einfachste. Für unwissende, ichsüchtige Menschen ist das sehr schwer, aber wer nach Wissen und Erkenntnis dürstet, gelangt sehr leicht zu ihr.

Die Menschen wollen ausschließlich ihr Ego vergötzen und denken nicht daran, Selbsterkenntnis zu erlangen. Damit man das Selbst erkennen kann, muß das Ego zugrunde gehen, doch leider gelingt es den wenigsten, ihr Ego auszuhungern. Sie klammern sich vielmehr immer fester daran. Die Menschen neigen stark dazu, soviel Aufmerksamkeit wie möglich auf sich zu ziehen. Sie wollen unbedingt gelobt und anerkannt werden, das halten sie für ihr angestammtes Recht. Dies alles ist Nahrung für das Ego: Es blüht und gedeiht, wenn man ihm Beachtung schenkt. Wie wollt ihr das Selbst erkennen, wenn euer Ego fortwährend Aufmerksamkeit verlangt?

Um den Atman zu erkennen, muß das Gemüt sich auflösen, denn solange es ein Gemüt gibt, werdet ihr vom Ego beherrscht.

Manche Leute zeigen mit dem Finger auf Geisteskranke und nennen sie ‹verrückt›. Sie wissen nicht, daß sie selbst in Wahrheit auch verrückt sind. Jeder, der ein Gemüt hat, ist verrückt, denn das Gemüt ist Verrücktheit. Beim Geisteskranken liegt die Verrücktheit ganz offensichtlich zutage, deshalb könnt ihr sie sehen;

bei euch dagegen ist sie nicht so deutlich erkennbar. Dennoch ist sie vorhanden, weil das Gemüt existiert.

Seht euch die Menschen an, wenn sie erregt, verängstigt oder wütend sind: dann werden sie wahrhaftig verrückt. Zorn ist nichts anderes als eine zeitweilige Verrücktheit, für Furcht und Erregung gilt dasselbe. Wenn ihr aufs äußerste wütend seid, seid ihr verrückt; ihr sprecht und handelt dann unsinnig. Es tritt ein zeitweiliger Verlust des inneren Gleichgewichts ein. Wird dies zum Dauerzustand, nennt man es Geisteskrankheit. Wenn ihr eurem Gemüt zuviel gestattet und es nicht sorgfältig unter Kontrolle haltet, verliert ihr das Gleichgewicht und werdet verrückt.

Das Gemüt ist das Ego, es macht euch egozentrisch. Doch statt im Ego solltet ihr euer Zentrum im Selbst (Atman) finden, der wahren Mitte eures Seins. Damit dies geschehen kann, muß das Gemüt ausgelöscht werden, das Ego muß sterben. Nur dann könnt ihr dauerhaft im *sakshi bhava* (Bewußtsein des unbeteiligten Beobachters) verweilen.

Das Ego als größtes Hindernis auf eurem Weg zur Wahrheit hat keine wirkliche eigene Existenz, denn Gemüt und Ego sind unreal.[1] Derzeit erscheinen uns Gemüt und Ego noch als Freunde, doch sie führen uns nur irre, sie entfremden uns unserer wahren Natur. Gemüt und Ego besitzen keine eigene Kraft; ihr Kraftquell strömt aus dem Atman, unserem wahren Sein. Der Atman ist unser wahrer Meister, aber noch lassen wir uns von falschen Meistern, von Gemüt und Ego, beherrschen und irreführen. Sie verblenden uns und verhüllen unser wahres Wesen. Erkennt dies und versucht, euch aus der begrenzten Schale eures Gemüts und Egos zu befreien. Sowenig der Same ins Freie gelangen und zum großen Baum aufwachsen kann, solange die äußere Schale nicht zerbricht und abstirbt, sowenig kann die innere Wahrheit erkannt werden, solange das Ego nicht stirbt.»

---

[1] Das Gemüt hat vier verschiedene Funktionen oder Aspekte. Diese sind: *manas*, die Fähigkeit zu zweifeln; *chitta*, das Lagerhaus der Erinnerungen; *buddhi*, die Entscheidungsfähigkeit; *ahamkara*, das Ego – das Gefühl des ‹Ich› und ‹Mein›. Es handelt sich um ein und dasselbe Gemüt; die unterschiedlichen Bezeichnungen dafür beziehen sich auf seine jeweilige Funktion.

# Das Ego lebt von der Beachtung

Frage: «Amma, du sagtest, das Ego lebe von der Beachtung. Was meinst du damit?»

Mutter: «Das geschieht alle Tage, immerfort. Es liegt in der menschlichen Natur, ständig beachtet werden zu wollen. Ob wir uns dessen bewußt sind oder nicht, wir alle verlangen danach. Wir haben eine angeborene Neigung, die Aufmerksamkeit anderer mit verschiedensten Mitteln auf uns zu ziehen. Auch Kinder verlangen Aufmerksamkeit. Unbeachtet können Gemüt und Ego nicht überleben.

Der Ehemann will von seiner Frau beachtet werden, und sie von ihm. Kinder verlangen nach der Aufmerksamkeit ihrer Eltern, Männer wollen von den Frauen und Frauen von den Männern bemerkt werden. Die Menschen tun alles, um Beachtung zu finden. Selbst bei Tieren ist diese Neigung zu erkennen. Der Unterschied liegt nur darin, daß sie auf andere Weise Beachtung suchen. Wer ein Gemüt und ein Ego besitzt, braucht Beachtung. Ohne sie kann er nicht leben.

Fast in allen Ländern bemühen sich die Menschen mit den gleichen Mitteln um die Aufmerksamkeit der anderen. Am krassesten zeigt sich das bei den Heranwachsenden in aller Welt. Sie benehmen sich bisweilen sehr albern, um die Aufmerksamkeit anderer, besonders des anderen Geschlechts, auf sich zu ziehen. Sie tun das, weil sie in diesem Alter ganz unter der Herrschaft von Gemüt und Ego stehen. Das Gemüt ist verrückt, und wenn man ganz in seinem Bann steht, was kann dabei anderes als Verrücktheit herauskommen? Ein verrücktes Gemüt kann nur Verrücktheit hervorbringen.

Wenn ihr aufwachst, wachsen auch Gemüt und Ego, aber sie verfeinern sich, und auch eure Methoden, Aufmerksamkeit auf euch zu ziehen, werden subtiler. Ihr geht dann zwar nicht mehr so plump vor, doch das Verlangen nach Beachtung besteht weiter.

Einmal hörte Mutter folgende Geschichte: Ein Journalist recherchierte für einen Artikel über den Bürgermeister einer bestimmten Stadt. Er wollte die Meinung der Bürger über den Bürgermeister in Erfahrung bringen, deshalb interviewte er eine repräsentative Auswahl der Bewohner der Stadt und fragte sie, was sie von ihrem Bürgermeister hielten. Alle hatten etwas Schlechtes über den Bürgermeister zu sagen. Er sollte hartherzig und korrupt sein; man machte ihn für alles verantwortlich, was nicht in Ordnung war in der Stadt, und viele sagten, sie bedauerten, je für ihn gestimmt zu haben. Er war als Bürgermeister sehr unbeliebt. Schließlich traf der Reporter mit dem Bürgermeister zusammen. Er fragte ihn, welche Vergütung er für seine Arbeit bekomme. Der Bürgermeister erklärte, er bekomme überhaupt kein Gehalt. ‹Warum liegt Ihnen dann soviel daran, in Ihrem Amt zu bleiben, wenn Sie nichts verdienen und so unbeliebt sind?› fragte der Journalist. ‹Ich will Ihnen den Grund sagen, aber das muß unter uns bleiben›, antwortete der Bürgermeister. ‹Ich bin vielleicht unbeliebt, aber ich genieße die Würde des Amts und die Aufmerksamkeit, die man mir entgegenbringt.›

Selbst Morde geschehen oft aus keinem anderen Grund als dem Drang nach Beachtung. Das Ego wird so übermächtig, daß man sogar auf den Gedanken kommen kann, durch Handlungen von äußerster Grausamkeit die Aufmerksamkeit auf sich zu ziehen. Das geschieht überall auf der Welt.

Vor wenigen Wochen besuchte ein junger Mann Amma. Ohne jede Scheu gestand er ihr, sein größter Wunsch sei, berühmt zu werden; er habe das heftige Verlangen, seinen Namen und sein Bild in einer großen Zeitung gedruckt zu sehen. Amma sprach eine Zeitlang mit ihm und versuchte ihm klarzumachen, wie töricht sein Wunsch sei. Schließlich änderte er seine Einstellung und bedauerte, was er gesagt hatte. Er war einfach ehrlich gewesen, deshalb hatte er Amma offen von seinem Wunsch erzählt. Aber haben nicht die meisten Leute denselben Wunsch? Sie sind nur selten aufrichtig, sie sagen nicht, was sie fühlen. Zwischen den Menschen, zwischen dem einzelnen und der Gesellschaft stehen hohe Mauern. Die Vorrangstellung des Egos hat den Menschen ihre Offenheit genommen. Sie sind nur daran interessiert, ihr eigenes Gemüt zufriedenzustellen und ihre eigenen Wünsche zu erfüllen.

Wenn ein Kind weint, fordert es Aufmerksamkeit. Euer ganzer Ehrgeiz und eure Wünsche beruhen auf der subtilen, aber machtvollen Forderung des Egos nach Beachtung. Um beachtet zu werden, strebt ihr nach beruflichem Erfolg. Ihr wollt nicht zum Durchschnitt gehören, sondern etwas Außergewöhnliches sein, etwas Besseres als die anderen. Ihr könnt nicht einfach mit dem zufrieden sein, was ihr seid, ihr habt das Bedürfnis, geehrt und anerkannt zu werden. Dies liegt daran, daß die Menschen meist mehr im Gemüt als im Herzen zu Hause sind. Amma sagt nicht, ihr solltet keinen Ehrgeiz haben. Man kann ruhig ehrgeizige Ziele verfolgen, aber darüber sollte man nicht stolz und egoistisch werden. Laßt euch nicht vom Gemüt und seinen Wünschen übermannen.

Ein Wissenschaftler kann ein besserer Wissenschaftler werden, wenn er seinen Egoismus abzulegen lernt. Ein Politiker kann den Menschen ein Vorbild sein und sie inspirieren, wenn er mehr aus dem Herzen als aus dem Verstand zu wirken lernt. Auch ein Sportler leistet mehr, wenn er sein Ego beherrschen kann.

Amma kennt einen Musiker, der mit größtem Respekt behandelt werden will. Er ist als Musiker sehr begabt, aber sein Stolz hat ihn zu einem unsympathischen Menschen gemacht. Einmal ließ einer seiner Bewunderer, selbst ein sehr musikalischer Mann, in einer kleinen Runde von Verehrern des Musikers eine kritische Bemerkung fallen über dessen Darbietung eines klassischen indischen Liedes. Der Musiker konnte die Kritik nicht ertragen, obwohl sie freundlich und respektvoll geäußert wurde. Er nahm sie als Beleidigung und gab dem Mann vor aller Augen eine Ohrfeige.

Egozentrische Menschen haben eine tiefe Angst davor, nicht respektiert zu werden. Sie fürchten, ihre Bedeutung einzubüßen. Weil ihre ganze Existenz auf ihrem Ansehen beruht, wäre dessen Verlust für sie unausdenkbar. Ihr Ego nährt sich von der Bewunderung und Hochachtung, die andere ihnen bezeigen; ohne dies gehen sie zugrunde. Wenn man sie nicht lobt und ihnen nicht den Respekt und die Beachtung zollt, die sie fordern, werden sie gereizt und verärgert. Aufgrund ihres Egos und des Gefühls von Wichtigkeit können sie Kritik, auch konstruktive Kritik, nicht ertragen. Sie sind zutiefst verletzt, wenn man irgend etwas an ihnen in Frage stellt. Sie wollen immer im Zentrum jedes Gesprächs stehen, besonders wenn sie selbst anwesend sind. Ihr ganzes Leben dreht sich um die Frage, wieviel Beachtung sie von anderen bekommen können. Wenn solche Leute schließlich in den Ruhestand treten, sind Erinnerungen an die Vergangenheit ihre einzige Zerstreuung. Sie leben in der Vergangenheit, weil sie damals am höchsten geachtet wurden. Ihr Ruhestand wird zu einem unglücklichen Dasein, weil sie nun außer ihren Erinnerungen nichts mehr haben, womit sie ihr Ego füttern könnten. Sie leben entweder in der Vergangenheit, oder sie halten sich ein paar glühende Bewunderer in ihrer Nähe, um weiterhin ein wenig Beachtung zu finden und von ihrer ruhmreichen Vergangenheit zu hören.

Dazu folgende aufschlußreiche Geschichte: Die Zeit der Auflösung der Welt war zum Ende gekommen, und der nächste Schöpfungszyklus sollte beginnen. Brahma, der Schöpfer, entwarf viele Arten von Lebewesen. Nun mußte jeder Art eine bestimmte Lebensspanne zugeteilt werden. Er fing mit dem Menschen an und gab ihm eine Lebensspanne von dreißig Jahren. Aber damit war der Mensch nicht zufrieden: er forderte ein längeres Leben. Brahma erwiderte, die Lebensspanne könne nicht willkürlich verlängert werden, da die Gesamtsumme der Jahre für alle Lebewesen bereits festgelegt sei. Aber der Mensch bestand auf einer längeren Lebenszeit; er bat und beschwor Brahma, bis dieser schließlich sagte: ‹Gut, ich will sehen, was ich für dich tun kann. Stell dich hier neben mich und warte; ich rufe jetzt die anderen Geschöpfe. Wenn irgendeine Tierart nicht die ganze ihr zugeteilte Lebenszeit haben will, dann lasse ich sie selbst entscheiden, wie lange sie leben will, und gebe dir dann den Rest der ihr zugeteilten Jahre.› Der Mensch war damit sehr zufrieden und stand neben dem Schöpfer, während dieser die einzelnen Tiere zu sich kommen ließ.

Zunächst rief Brahma den Ochsen und teilte ihm eine Lebensspanne von vierzig Jahren zu. Der Ochse sagte: ‹Herr, ein so langes Leben halte ich nicht aus. Sei mir gnädig und verkürze es auf die Hälfte.› Brahma tat das und übertrug die verbleibenden zwanzig Jahre des Rindes auf den Menschen. Der Mensch war glücklich, nun wenigstens fünfzig Jahre leben zu können.

Dann rief Brahma den Esel zu sich, dem er fünfzig Jahre zumaß. Mit trauriger Stimme sagte der Esel: ‹O Herr, sei nicht so grausam! Es wäre besser, du hättest mich überhaupt nicht erschaffen. Mein Gott, ich will nicht so lange leben. Fünfundzwanzig Jahre sind mehr als genug für mich. Sei bitte so gut und gib mir nicht mehr als das.› So bekam der Mensch weitere fünfundzwanzig Jahre. Nun war die Lebensspanne des Menschen auf fünfundsiebzig Jahre angewachsen, aber noch immer stand er erwartungsvoll neben Brahma.

Nach dem Esel rief Brahma den Hund und wollte ihn mit dreißig Lebensjahren segnen, aber der Hund heulte protestierend. Er rief: ‹Nein, nein, Herr! Ich will nicht länger als fünfzehn Jahre auf der Welt sein.› So erhielt der Mensch weitere fünfzehn Jahre als Dreingabe.

Brahma wandte sich dem Menschen zu, um zu sehen, ob er nun zufrieden sei, aber siehe da, noch immer machte er ein unzufriedenes Gesicht.

Als fünfte Tierart rief Brahma den Wurm auf. Er schlug ihm eine Lebenszeit von zehn Jahren vor. Als er das hörte, fiel der Wurm fast in Ohnmacht. Er flehte den Schöpfer an: ‹O Herr, mich schaudert, wenn ich an ein so langes, elendes Leben denke. Bitte verringere es auf einige Tage!› Wieder war der Mensch sehr froh, weitere zehn Jahre zu bekommen, die seine Lebensspanne jetzt auf volle hundert Jahre verlängerten. Als ihm das hundertjährige Leben geschenkt worden war, tanzte der Mensch in freudiger Ausgelassenheit. So begann er sein Erdenleben.

Bis zum Alter von dreißig Jahren ist das menschliche Leben eine Zeit des Lernens – eine Zeit, in der man im allgemeinen ein unbeschwertes Leben ohne Sorgen und Verantwortung führt. Dann heiratet man, und von da an gleicht das Leben dem eines Ochsen. So wie der Ochse mühsam seinen Karren zieht, muß sich der Mensch anstrengen, den schweren Karren seiner Familie zu ziehen. Auf diese Weise wird er fünfzig Jahre alt und trägt noch immer die schwere Bürde der Verantwortung für sich und seine Familie. Er besitzt nicht mehr die Gesundheit und Kraft seiner Jugend, und er wird auch langsam bequemer. In diesem Stadium ähnelt sein Leben dem eines Esels, denn nun verlebt er dessen Lebenszeit.

Wenn die Jahre des Esels vorüber sind, ist der Mensch erschöpft und hat viel von seiner Kraft verloren. Die nächsten fünfzehn Jahre muß er wie ein Hund das Haus hüten und auf die Enkelkinder aufpassen. Die meiste Zeit sitzt oder liegt er allein, wenig beachtet von seinen Kindern und Enkeln. Jetzt denkt er ständig an die Vergangenheit, an die besseren Zeiten.

Die letzten zehn Jahre, die er vom Wurm geborgt hat, verbringt der Mensch meist bei schlechter Gesundheit. Alter und Krankheit haben ihn hilflos gemacht. Sein Körper und seine Sinne haben weitgehend ihre Kraft eingebüßt. Er kann nun nur noch der Vergangenheit nachgrübeln, dem einzigen, was ihm geblieben ist. Schließlich scheidet er wahrhaftig wie ein Wurm aus dem Leben. Das schreckliche Angesicht dieses Lebens ist von Verzweiflung, Reue und Elend gezeichnet.»

Während die Devotees dieser schönen Erzählung zuhörten und einsahen, wie lebenswahr sie ist, mußten sie leise lachen. Mutter lächelte auch und sagte: «Lernt, so zu leben, als hättet ihr nie existiert. Nur dann werdet ihr in Wahrheit leben.»

# Kapitel 3

# Sakshi Bhava

Mutter saß im Kreis der Brahmacharins und einiger Devotees aus dem Westen am Rand des Ashramgeländes. Einer von ihnen stellte eine Frage über *sakshi bhava*, die Erfahrung, alles als unbeteiligter Zeuge zu beobachten.

Frage: «Amma, neulich hast du über den Zustand des *sakshi bhava* gesprochen. Ich wüßte gern, ob dies ein Zustand des Gemüts oder eine Erfahrung jenseits des Gemüts ist.»

Mutter: «*Sakshi bhava* gehört nicht dem Gemüt an. Es ist ein Zustand, in dem du dauerhaft innerlich frei und unberührt bleibst. Man beobachtet einfach alles, was sich abspielt, ohne sich mit seinem Gemüt und dessen Gedanken einzumischen. Wenn das Gemüt sich ständig einmischt, kann man nicht unberührter Beobachter allen Geschehens sein. Das Gemüt setzt sich aus Gedanken zusammen; es kann nur denken und zweifeln. Im erhabenen Zustand des Beobachtenden ruht man ständig in seinem wahren Wesen.

Im *sakshi bhava* wird man zum unbeteiligten Beobachter allen Geschehens. Ihr gewahrt einfach alles, ohne Gefühlsbindung oder Einmischung. Ihr werdet sogar zum Beobachter eurer eigenen Gedanken. Wenn ihr den eigenen Denkvorgang bewußt wahrnehmt, denkt ihr nicht aktiv – ihr tut überhaupt nichts, ihr seid still. Ihr beobachtet nur und erfreut euch daran, ohne daß euch irgend etwas berührt oder nahegeht. Das Gemüt ist dazu nicht fähig, es kann nur denken, zweifeln und sich anklammern. Es kann nicht Beobachter sein.

Der Denkprozeß gehört dem Gemüt an, das Beobachter-Sein dagegen dem höheren Selbst. Beobachter zu sein bedeutet, im reinen Bewußtsein zu verweilen. Das Gemüt und die Gedanken sind nichts Reales, wir selbst haben sie hervorgebracht. Nur das Bewußtsein ist wirklich. Ihr findet Denken vielleicht ganz natürlich, aber es ist nicht natürlich. Es gehört nicht zu eurem wahren Sein. Eure Gedanken und euer Ego bringen nichts als Ruhelosigkeit und Aufregung hervor. Sie gehören nicht zu euch, und ihr werdet so lange ruhelos sein, bis ihr euch von ihnen befreit habt.

Es kommt darauf an, einfach mit voller Aufmerksamkeit zu beobachten. Im *sakshi bhava* seid ihr absolut bewußt. Wenn ihr euch dagegen mit dem Gemüt und den Gedanken identifiziert, seid ihr nicht bewußt – ihr habt euch weit entfernt vom reinen Bewußtsein. Ihr tappt im dunkeln und könnt nichts wirklich erkennen. Das Gemüt nimmt nur die äußere Welt wahr, die äußere Form der Dinge. Es kann die Dinge nicht so sehen, wie sie sind, weil es nie wirklich sieht, sondern immer nur denkt. Und wenn ihr denkt, nehmt ihr nichts so wahr, wie es wirklich ist.

Luxus und das Ansammeln von immer mehr materiellem Besitz führen nur zu immer mehr Gedanken, und die vielen Gedanken vertreiben euch aus eurer wahren Mitte. Um unbeteiligter Beobachter zu sein, muß man sich in einem Zustand vollkommener Freiheit festigen. Ein Gemüt, das sich an etwas klammert, kann nicht ruhig beobachten, es wird stets an Gedanken und Dingen hängen. Es kümmert sich nur um das ‹Ich› und ‹Mein›. Im Zustand des Beobachtens gibt es kein ‹Ich› und ‹Mein›; man geht über all diese engen, begrenzten Gedanken hinaus.

## Die wahre Mitte ist innen

Wer zum unbefangenen Beobachter allen Geschehens wird, beansprucht nichts mehr für sich. Alles, sei es ‹du› oder ‹ich›, ist dann der höchste Herr oder das höchste Bewußtsein. Wenn ihr erst einmal in diesem Zustand gefestigt seid, kann euch nichts mehr verletzen oder nahegehen. Ihr nehmt dann Abstand vom Gemüt und identifiziert euch nicht mehr mit dem Körper. Der Körper existiert, aber es ist, als wäre er tot. Ihr meßt der äußeren

Welt und der Meinung der Leute keine Bedeutung mehr bei, denn ihr wißt, daß ihr in Wahrheit niemandem gefallen oder mißfallen könnt. Manchmal handelt ihr, als wäret ihr verrückt, dann wieder scheint ihr ganz normal zu sein. Einmal sieht es aus, als wäret ihr an etwas gebunden, und dann seid ihr wieder völlig frei von jeder Bindung – vollkommen unbeschwert und losgelöst. Ihr könnt überaus liebevoll und mitfühlend sein, und dann ist plötzlich keine Spur von Liebe mehr bei euch erkennbar. Ihr paßt in kein Schema mehr.

Wenn ihr den Zustand des *sakshi bhava* einmal erlangt habt, könnt ihr in jeder beliebigen Stimmung sein und euch auf jede beliebige Bewußtseinsebene begeben, auf die höchste und auf die niedrigste – aber zugleich seid ihr unbeteiligte Beobachter. Alles wird zu einem wunderbaren, beglückenden Spiel. Äußerlich sieht man euch weiterhin von einer Stimmung in eine andere überwechseln, von einem Ort zu einem anderen und von einem Gefühl in ein anderes, aber innerlich bleibt ihr unbewegt. Ihr verlaßt nie mehr das alleinige Zentrum der Wirklichkeit. Diese wahre Mitte ist innen, nicht in der äußeren Welt.

Wenn ihr in der wahren Mitte ruht, bewegt ihr euch nicht. Ihr seid dann für immer darin verankert, doch gleichzeitig könnt ihr euch in unendlich verschiedener Weise uneingeschränkt bewegen, ohne die Mitte je zu verlassen. Ihr werdet Gott, und Gott hat unendliche Bewegungsfreiheit. Es gibt für ihn keine Grenzen.

Sobald ihr im Zentrum des Seins gefestigt seid, braucht ihr, wenn ihr wollt, der Welt keine Beachtung mehr zu schenken; doch wenn ihr alles freundlich anlächeln wollt, steht auch das euch frei. Wenn ihr überhaupt nicht schlafen oder essen wollt, müßt ihr das nicht, aber ihr könnt auch essen, was ihr mögt, und wenn ihr ein ganzes Jahr lang zu schlafen wünscht, ist selbst das möglich. Doch innerlich seid ihr bei alledem hellwach. Auch wenn es scheint, als schliefet ihr, schlaft ihr keineswegs, und wenn es scheint, als äßet ihr, eßt ihr doch nicht. Wenn ihr in eurem Körper bleiben wollt, könnt ihr das tun, und wenn ihr den Körper zu verlassen wünscht, ist auch das möglich. Wenn ihr den Körper verlassen habt, könnt ihr wieder in ihn eintreten, wann immer es euch beliebt. Möchtet ihr aber nicht in den Körper zurückkehren, so könnt ihr bleiben, wo ihr seid. Ihr könnt euch auswählen, in welchen Mutterschoß ihr eintreten und was für einen Körper ihr haben wollt. Alles ist möglich.

Die Leute mögen sagen, ihr handelt, aber ihr wißt, daß ihr nicht tätig seid. Ihr beobachtet einfach, ihr seid unbefangene Beobachter.

Das werdet ihr erst, wenn ihr euch vom Gemüt und vom Denken vollkommen befreit habt. Ihr seid euch dann allen Geschehens vollkommen bewußt, auch eurer eigenen Gedanken. Schon für den geistig Strebenden ist es nützlich, in allen Lebenslagen die Haltung des unbeteiligten Beobachters einzunehmen.»

## Sei vollkommen bewußt!

Frage: «Amma, was bedeutet es, sich seines Denkprozesses bewußt zu sein?»

Mutter: «Kannst du wahrnehmen, wie ein Gedanke in deinem Gemüt aufsteigt? Kannst du erkennen, welche Wirkung er hat und wie er wieder abstirbt? Wenn du einen Gedanken erst einmal deutlich wahrnehmen kannst, verliert er seine Macht. Die Identifikation mit ihm gibt dem Gedanken Kraft, und er bewirkt schließlich eine Handlung. Wenn du dich mit einem Gedanken nicht identifizierst, ist er machtlos, er wird schwach und unwirksam. Nimmst du einen Gedanken wahr, ohne dich mit ihm zu identifizieren, so bist du nur sein Beobachter. Das bedeutet, vollkommen bewußt zu sein. Beobachten heißt, nicht zu denken und sich nicht mit irgendwelchen Gedanken zu identifizieren. Im Zustand unbefangenen Beobachtens gibt es nur reines Bewußtsein.

Wenn du siehst, wie zwei Leute streiten, nimmst du daran nicht teil, du hast nichts damit zu tun. Du bist dir einfach des Streits bewußt, indem du ihn beobachtest. Als Beobachter bist du bei hellwachem Bewußtsein. Dein Bewußtsein ist nicht umwölkt, es ist klar und bleibt unberührt von dem, was du siehst.

Wie ist es aber mit den Streitenden? Sie sind Teil der Auseinandersetzung und können nicht klar sehen, weil ihr Bewußtsein getrübt ist. Negative Energien und Gefühle wie Haß, Zorn und Rachsucht umwölken ihr Gemüt und machen sie blind. Wenn negative Energie vorherrscht, ist man nicht wirklich bewußt und kann daher auch nicht unvoreingenommen beobachten.

Das Gemüt besteht aus negativer Energie. Eure Gedanken und eure Vergangenheit sind negative Energie. Beobachter zu sein bedeutet, wirklich aufzuwachen und sich alles inneren und äußeren Geschehens bewußt zu werden. Genau besehen gibt es jedoch kein Innen und Außen. In diesem erhabenen Zustand werdet ihr zur Mitte allen Geschehens und beobachtet einfach, was sich abspielt. Nichts davon kann euch mehr berühren, denn ihr seid jetzt zum Zentrum geworden, zur eigentlichen Lebenskraft aller Dinge. Im Zustand des wahren Beobachters werdet ihr eins mit der höchsten kosmischen Energie.»

Frage: «Amma, du sagtest, wenn wir zum Beobachter werden, könne nichts uns berühren, aber andererseits heißt es, daß auch *Mahatmas* scheinbar körperlich leiden.»

Mutter: «Du hast ganz recht, es stimmt vollkommen, daß es *scheint,* als ob sie litten. Sie leiden aber nie wirklich, auch wenn es so aussieht. Wenn man zum reinen Beobachter wird, nimmt man einfach das Leiden seines Körpers wahr, ja man kann sogar seinen körperlichen Tod beobachten.

Ich erzähle euch dazu eine Geschichte: Es lebte einmal ein Heiliger am Ufer des Ganges. Er war völlig ins Gottesbewußtsein versunken und wiederholte in diesem Zustand pausenlos das Mantra ‹Shivoham, Shivoham› (Ich bin Gott, ich bin Gott). Die auf dem gegenüberliegenden Ufer lebenden *sannyasins* hörten ihn fortwährend dieses Mantra singen. Als er eines Tages am Flußufer saß und wie gewohnt ‹Shivoham, Shivoham› sang, kam ein Löwe aus den Wäldern des Himalaya herab und näherte sich dem Heiligen. Die *sannyasins* am andern Ufer sahen voller Schrecken, wie das wilde Tier auf den Heiligen zukam und im Begriff war, sich auf ihn zu stürzen. Sie riefen ihm über den Fluß zu: ‹Gib acht! Ein Löwe! Lauf um dein Leben oder springe ins Wasser!› Aber als der Heilige den Löwen auf sich zukommen sah, fürchtete er sich überhaupt nicht. Er akzeptierte, was zu geschehen hatte, denn seine Lebenszeit auf der Erde war abgelaufen, und da er sich im Zustand der Einheit mit der ganzen Schöpfung befand, sah er keinen Unterschied und keine Trennung zwischen dem Löwen und sich selbst. Er und der Löwe waren eins; er selbst war es, der mit dem Maul des Löwen brüllte. Er blieb sitzen, wo er sich befand, und sang weiterhin gelassen ‹Shivoham, Shivoham›. Die Bestie begann, seinen Körper zu zerreißen, aber – welch ein Wunder! – der Heilige sang unbeirrt weiter ‹Shivoham, Shivoham›, als wäre er der Löwe und würde seinen eigenen Hunger stillen. Während der ganzen Szene seines Todes verhielt sich der Heilige, als würde ihm nichts geschehen.

Es gibt Kekse in Form von verschiedenen Tieren, zum Beispiel von Tigern und Hasen. Glaubt ihr, ein Keks in Tigerform sei ein Tiger, nur weil es dessen Gestalt hat? Und wenn ihr Hasenkekse und Tigerkekse zusammen seht, meint ihr, der Hase hätte vom Tiger irgend etwas zu befürchten? Wird sich der Keks in Hasenform ängstigen und glauben, das andere in Tigerform werde es töten und fressen? Natürlich nicht, denn im Grunde gibt es keinen Unterschied zwischen ihnen. Die verschiedenen Formen bestehen aus genau den gleichen Bestandteilen. Ebenso ist es, wenn ihr erkennt, daß euer wahres Wesen der Atman ist. Dann seid ihr freie, unpersönliche Beobachter, nehmt alles in voller Bewußtheit wahr und wißt, daß die verschiedenen Erscheinungsformen – Lebewesen wie Lebenssituationen – alle aus demselben Grundstoff bestehen, dem höchsten Selbst.

Das Gemüt umschließt eure Vergangenheit. Diese Vergangenheit muß für euch sterben, dann werdet ihr plötzlich vollkommen bewußt. Die Vergangenheit ist nichts als toter Schutt. Räumt ihn weg, dann werdet ihr zur richtigen Haltung finden! Wenn eure Vergangenheit, eure Gedanken und Erinnerungen für euch gestorben sind, lebt ihr ganz in der Gegenwart, und dann nehmt ihr unbefangen alles Geschehen wahr. Das Vergangene kann nur solange existieren, wie es Gedanken gibt. Wenn die Gedanken verschwinden, verblaßt auch die Vergangenheit, und ihr lebt in eurem eigenen Selbst. Das Selbst ist nichts als ein unbeteiligter Beobachter, es ist keine Person, sondern reines Bewußtsein. Es ist in keiner Weise mit den Phänomenen der

Welt verbunden. Es ist der Zustand, in dem ihr das alleinige Subjekt oder das Zentrum eures eigenen Seins seid.

Kinder, noch lebt ihr unbewußt. Vielleicht fragt ihr euch jetzt: ‹Ich soll unbewußt sein? Ich gehe, esse, atme doch, wieso sagt Mutter dann, ich lebte unbewußt? Natürlich bin ich bewußt! Wie könnte sich sonst dies alles in mir und um mich herum abspielen?› Ihr könnt hundert Argumente dafür aufzählen, daß ihr bewußt wäret, doch in Wahrheit seid ihr unbewußt.

Mein Sohn, du kannst sagen, du seist hellwach, denn du gehst, ißt, atmest und schaust. Ja, vielleicht tust du dies alles, aber wie viele Male am Tag bist du dir deiner Hände und Beine, deiner Zunge, deines Mundes und deines Atems wirklich bewußt? Selbst wenn du ißt, bist du dir deiner Hand, die das Essen zum Mund führt, und der Zunge in deinem Mund nicht bewußt. Wenn du gehst, bist du dir deiner eigenen Beine keineswegs bewußt. Und atmest du etwa bewußt? Wenn du dich umschaust und alles Schöne und Häßliche um dich herum betrachtest, bist du dir dann deiner Augen bewußt? Selbst wenn deine Augen weit geöffnet sind, bist du dir dann ihrer bewußt? Nein, nicht im geringsten! Du tust das alles, aber du tust es unbewußt. Du führst ein unbewußtes Leben, und doch willst du behaupten, du seiest bewußt und lebtest bewußt. Deshalb wache jetzt auf und sei wahrhaft bewußt.»

Mutter schwieg und versenkte sich in Meditation. Einige Zeit später öffnete sie ihre Augen und bat Brahmachari Balu, einen *kirtan* zu singen. Er sang *Nirkkumilapol Nimishamatram:*

Die Welt entsteht und vergeht im Nu
wie eine Seifenblase.
Dieses Wunder ergründest du erst,
wenn das Denken erlischt.

Das Denken vergeht erst, wenn du erkennst,
daß es nur ein Trugbild ist.
Du kannst dein eignes Gemüt nicht verstehn;
es ist von Dunkel umhüllt.

Sich selbst kann das Gemüt nicht verstehen,
denn es verhehlt seine eigene Natur.
Und doch erklärt es, von sich überzeugt,
es könne alles verstehen.

Du wirst erkennen, daß der Verstand nichts versteht.
Erst wenn du ruhig und stetig wirst
und dich im Stillsein übst,
dämmert das Wissen dir auf.

Wenn du wirklich verstanden hast,
dann weißt du: es gibt kein Gemüt,
das Gemüt ist ein Nicht-Gemüt.
Und wenn das Gemüt erloschen ist,
leuchtet alles als Atman auf,
als dein eigenes reines Selbst.

## Die Kraft zum unbefangenen Beobachten liegt in uns

Als das Lied verklungen war, sprach Mutter weiter über den Zustand des unbeührten Beobachters.

«Wir alle machen im täglichen Leben die Erfahrung, unbefangen zu beobachten. Es kommt nur darauf an, dies bewußt wahrzunehmen. Und wenn dieses Bewußtsein eintritt, wenn ihr von seiner Wonne und Glückseligkeit kostet, dann seid ihr auf dem richtigen Weg.

Angenommen, ein Ehepaar streitet sich. Sie beschimpfen und beleidigen sich gegenseitig mit den gröbsten Ausdrücken. Die Nachbarn aus dem Nebenhaus haben das Geschrei gehört und wollen nachsehen, was los ist. Sie tun alles, was sie können, um das streitende Paar zu beruhigen, aber dieses wütet weiter. Sie sprechen mit den beiden und bemühen sich nach Kräften, guten Rat zu geben. Die Nachbarn sind ganz ruhig und beherrscht, während sie versuchen, die schwierige Situation in den Griff zu bekommen. Sie können das Problem sehen und daher mit ihm umgehen. Schließlich gelingt es ihnen, den Streit zu schlichten.

Wie war es ihnen möglich, so ruhig und friedlich zu bleiben? Sie nahmen die Szene nur als Beobachter wahr, sie blieben unbeteiligt. Ihre Gemüter waren nicht so überschattet und aufgewühlt wie die des streitenden Paars, deshalb konnten sie mit gutem Rat beistehen.

Die streitenden Eheleute hatten sich dagegen von ihrem inneren Aufruhr und der dabei freigesetzten dunklen, negativen Energie übermannen lassen. Sie waren erregt und völlig in diesem inneren und äußeren Dunkel versunken. Sie konnten nicht mehr klar sehen. Sie konnten die Situation nicht von außen betrachten, weil sie sich vollständig mit ihren negativen Gefühlen identifizierten. Das andere Paar war dagegen gerade mit sich im Frieden und konnte die Sachlage daher besser übersehen. Weil es in ihnen etwas heller war, das heißt, weil sie sich nicht in diese Situation hineinziehen ließen, konnten sie weit besser Abstand halten und den Vorgang einfach beobachten. Sie waren nicht dem Ansturm aufgeregter Gedanken ausgesetzt wie das andere Paar. Wenn sie nun einen Streit hätten, wäre die Lage genau umgekehrt: Dann würden die Nachbarn, die sich jetzt stritten, ruhig bleiben, zusehen und dann ihrerseits den Streit schlichten.

Dieses Beispiel zeigt, daß jedermann fähig ist, gelassen zu beobachten. Es verdeutlicht auch, daß dies nur dann möglich ist, wenn das Gemüt still bleibt, wenn man Abstand wahrt.

Da es uns also bisweilen möglich ist, diese Haltung einzunehmen, sollten wir versuchen, sie in jeder Lebenslage beizubehalten. Dies ist erreichbar, denn es entspricht unserem eigentlichen Wesen.

In unserer Geschichte ist das Gemüt noch vorhanden. Am Ende hat es zeitweilig zur Ruhe gefunden, aber die Unruhe wird zurückkehren. Es ist sehr schwer, unbeteiligter Beobachter zu bleiben, wenn im eigenen Leben widrige Umstände eintreten.

Überall in der Welt gibt es Psychotherapeuten, Berater und Heiler, die die psychischen und körperlichen Beschwerden der

Menschen zu kurieren versuchen. Sie mögen Fachleute auf ihrem Gebiet sein, aber sie üben ihre Arbeit als Beruf aus, und sie sind an diese Tätigkeit und an vieles andere gebunden. Wenn man aber an etwas gebunden ist, kann man nicht unbefangen beobachten. Wer an Personen oder Dingen hängt, kann anderen nicht helfen. Nur wer die Kunst beherrscht, Beobachter zu sein, wer im Selbst, in der wahren Mitte, gefestigt ist, vermag anderen wirklich beizustehen. Die Experten analysieren die aus der Vergangenheit stammenden Probleme ihrer Patienten und schlagen dann bestimmte Wege zur Überwindung der Depressionen oder Ängste des Patienten vor. Solange andere die Hilfe des Therapeuten brauchen, ist es gut. Er kann ihnen in begrenztem Umfang helfen. Aber wie ist es, wenn im eigenen Leben des Therapeuten Schwierigkeiten auftreten? Dann bricht alles zusammen. Der Therapeut kann die Methoden, die er an seinen Patienten erprobt hat, nicht bei sich selbst anwenden. Wenn in seinem eigenen Leben etwas fehlschlägt, kann er auch andere nicht mehr wirksam beraten. Warum? Solange ein anderer seine Hilfe braucht, kann der Therapeut bis zu einem gewissen Grade Abstand halten und das Problem betrachten. Sein Gemüt ist vergleichsweise klar, er beschaut einfach die Schwierigkeiten des anderen. Der Therapeut ist nicht selbst darin verstrickt, deshalb kann er Wege aus der Krise zeigen. Aber wenn in seinem eigenen Leben Schwierigkeiten eintreten, macht sein Gemüt alle negativen Tendenzen sichtbar. Er kann dann nicht mehr Beobachter sein, weil er selbst im Problem befangen ist und sich völlig mit ihm identifiziert.

Was nützen all unsere Methoden, wenn wir sie nicht selber praktizieren können? Und wenn wir sie nicht selber praktizieren, wie können wir dann erwarten, daß sie anderen helfen?

Fest im *sakshi bhava* Fuß zu fassen ist der wahre Zweck des Lebens. Der erhabene Zustand des beobachtenden Zeugen ist der Angelpunkt, um den sich das ganze Leben und die ganze Welt dreht. Ihr dürft arbeiten, euren Verstand und Intellekt benutzen; ihr dürft einen Haushalt führen und eine Familie gründen, ihr dürft große Verantwortung für die Familie und viele berufliche Pflichten übernehmen, aber wenn ihr einmal im *sakshi bhava* gefestigt seid, könnt ihr das alles tun, ohne euch auch nur einen Fingerbreit von eurer Mitte zu entfernen.

Im *sakshi bhava* zu leben heißt nicht, müßig zu sein und seine Pflichten zu vernachlässigen. Ihr könnt euch um die Ausbildung eurer Kinder, um die Gesundheit eurer Eltern und die eurer Frau usw. kümmern, aber inmitten aller dieser äußeren Probleme bleibt ihr *sakshi*, unbeteiligte Beobachter alles dessen, was geschieht und was ihr selbst tut. Innerlich seid ihr vollkommen ruhig und gelassen.

Wenn ein Schauspieler im Film die Rolle des Schurken spielt, sieht man etwa, wie er seinen Feind erschießt, wie er wütend, grausam und hinterhältig handelt. Aber wird er innerlich wirklich wütend oder grausam? Führt er diese Taten tatsächlich aus? Nein, das tut er nicht. Er ist nur Betrachter alles dessen, was er tut. Er wahrt Abstand und beobachtet, ohne sich einzumischen oder sich innerlich berühren zu lassen. Er identifiziert sich nicht mit den Handlungen seines Körpers. Ebenso bleibt man auch im *sakshi bhava* in allen Lebensumständen unberührt und gelassen.»

Frage: «Amma, du sagst, wer im *sakshi bhava* gefestigt sei, bleibe in allen guten und schlechten Lebenslagen ruhig und gelassen. Aber du sagst auch, daß er sich äußerlich wie ein normaler Mensch verhalten könne. Ist das kein Widerspruch?»

Mutter: «Ein *sakshi* hat die Wahl: Er kann Gefühle zeigen, wenn er will, oder er kann unberührt bleiben. Aber auch wenn solche Leute normale menschliche Gefühle an den Tag legen, besitzen sie darüber hinaus einen unvergleichlichen Charme. Sie strahlen ein natürliches Charisma aus. Auch wenn sie vielfältige Gefühle äußern, können sie ein Gefühl jederzeit aufgeben, wenn sie das wollen. Wenn sie ruhig und unberührt bleiben wollen, fällt ihnen auch das ganz leicht. Wollen sie aber mit ihrem ganzen Wesen Gefühle wie höchste Liebe und äußerstes Mitleid ausdrücken, ist ihnen das ebenfalls möglich.

Wenn du erst einmal Selbstverwirklichung erlangt hast und dann äußerlich den Eindruck erwecken möchtet, als würde dich eine Person, ein Erlebnis oder eine Situation anrühren, dann läßt du das zu. Denk daran, daß du selbst das entweder geschehen oder nicht geschehen läßt, weil dein Gemüt, das dann völlig unter deiner Herrschaft steht, ohne deine Erlaubnis nichts annimmt oder ablehnt oder impulsiv reagiert. Du kannst als *sakshi* still und gelassen bleiben, wenn du willst, aber wenn du ein Beispiel an Entsagung, Opfer und selbstloser Liebe setzen willst, lebst du einfach gemäß diesen Idealen. Du mußt vielleicht Kummer und Leid in viel größerem Ausmaß ertragen als irgendein gewöhnlicher Mensch, aber auch dann bleibst du innerlich unberührt.

Nimm an, du willst in Gegenwart einer bestimmten Person tiefes Mitleid und Sorge zeigen, weil du weißt, daß dies zu einer großen Wandlung im Leben dieses Menschen führen würde. Also drückst du Traurigkeit aus, bleibst aber dabei stets unbeteiligter Beobachter dieses Gefühls. Dein Gegenüber ist dir dankbar, daß du seine Sorgen teilst. Deine große Liebe und Fürsorge beeindrucken ihn tief, denn wenn du ein Gefühl äußerst, dann tust du das von ganzem Herzen, du drückst es voll und ganz aus. Du tust nichts halbherzig, sondern legst in alles dein ganzes Wesen hinein. Auf diese Weise kannst du jederzeit jede positive oder negative Stimmung ausdrücken. Andere Menschen empfinden das sehr intensiv, es rührt sie an. Die gewünschte Wirkung auf den anderen wird immer erreicht, aber der *Mahatma* ist dabei nur ein Beobachter der Stimmung, der er Ausdruck verleiht.

Wenn der *Mahatma* will, kann er zornig, verängstigt, furchtsam oder erregt erscheinen. Das sieht jedoch nur äußerlich so aus, denn sein Gemüt bleibt immer still und friedvoll. Es ist für ihn, als trüge er eine Maske. Der *Mahatma* kann verschiedene Masken (Zorn, Freude, Sorge, Furcht) anlegen, aber er tut das zu einem bestimmten Zweck. Sobald der Zweck erfüllt ist, legt er die Maske ab. Er weiß, daß er nicht die Maske ist, deshalb identifiziert er sich nie mit ihr.

Unser Problem liegt darin, daß wir uns mit allen Stimmungen des Gemüts identifizieren. Wenn wir wütend sind, *werden* wir zu Wut. Ebenso ist es mit Angst, Erregung, Furcht, Kummer und Glück. Wir werden eins mit jedem Gefühl, ganz gleich, ob es positiv oder negativ ist. Wir identifizieren uns mit der Maske.

Wenn du in einer negativen Stimmung bist, empfindest du vielleicht Zorn, und wenn du entspannt bist, bringst du anderen friedliche und liebevolle Gefühle entgegen. Aber du selbst bist in Wahrheit keine dieser Stimmungen. Angenommen, du hast ein Haus, eine Familie, einen schönen Hund und eine Katze. Nun wirst du gefragt: ‹Wessen Haus ist das?› Was antwortest du dann? Du sagst: ‹Es gehört mir.› Dasselbe wirst du von deinem Auto, deiner Familie, deiner Katze und deinem Hund sagen. Sie alle sind dein. Aber alles, was dein ist, bist nicht du. Es ist verschieden von dir. Das Haus ist deins, aber du bist nicht das Haus. Dein Körper gehört dir, aber du bist nicht der Körper. Ebenso ist es mit deinem Verstand, deinen Gedanken, Gefühlen und deinem Intellekt: sie sind dein, aber sie sind nicht du. Du bist der Sehende, der durch deine Augen schaut, du bist der Wahrnehmende, der die Gemütsbewegungen empfindet, du bist der Denkende hinter deinen Gedanken; du bist es, der fühlt, denkt, sieht, hört und schmeckt. Du bist der Erfahrende, das Subjekt. Wenn du zum Subjekt hinter allen Dingen wirst, fallen sämtliche Unterschiede weg, und du läßt die äußere Welt hinter dir.

Wenn du nicht weißt, daß du die Macht bist, die der Welt zugrunde liegt, wenn du dich nicht als deren eigentliche Lebenskraft, als die Gesamtsumme aller existierenden Energie erkennst, dann identifizierst du dich mit deinem Gemüt und dessen vielfältigen Gedanken und Gefühlen. Du sagst dann: ‹Ich bin so oder so: zornig, durstig, hungrig usw.› Du identifizierst dich mit dem Äußeren, nicht mit dem Inneren. Sobald du dich mit dem Inneren identifizierst, gibt es kein innen und außen mehr, weil du dann beides transzendiert hast.

Sein ganzes Leben lang, von der Geburt bis zum Ende seiner Inkarnation auf der Erde, war Krishna immer ein reiner Beobachter alles dessen, was in seinem Leben und um ihn her geschah. Ob er auf dem Schlachtfeld stand oder sich anderen Herausforderungen des Lebens stellen mußte: er blieb völlig gelassen, und das bezaubernde Lächeln auf seinem Gesicht erlosch nie. Auch als das Meer seinen Wohnsitz Dwarka verschlang und als der Jäger den tödlichen Pfeil abschoß, der seinem irdischen Leben ein Ende setzte, zeigte sich dasselbe gütige Lächeln auf seinem Gesicht, denn er war fest im *sakshi bhava* gegründet. Krishna blieb stetiger Beobachter alles dessen, was in seinem Leben geschah. Er identifizierte sich nie mit dem Äußeren, sondern blieb immer das höchste Selbst.»

Mutter sprach nicht weiter, sie befand sich plötzlich in einer anderen Welt. Ab und zu brach ein glückseliges Lachen aus ihr hervor. Nach einer Weile begann sie, mit der rechten Hand Kreise in die Luft zu ziehen. Sie öffnete ihre Augen und bat die Brahmacharins, ein Lied zu singen, *Parisuddha Snehattin*.

Dein Name
ist der Name reiner Liebe.
Du bist der Spiegel ewiger Wahrheit.
Kühl und sanft strömst Du als Frieden
in mein Herz.

Gütig und großzügig
erfüllst Du die Wünsche derer,
die um weltlicher Freuden willen
zu Dir kommen.

Wer sich Dir hingibt,
den bedenkst Du reichlich
mit dem Nektar des Wissens.
Lockend winkst Du der Seele zu,
als Heimat von Frieden und Liebe.

Du verbreitest die Botschaft
der Brüderlichkeit
überall in der Welt,
und Du singst das Lied
ewiger Freiheit.

Du gibst uns Hoffnung
und weist uns den Weg
in das Land immerwährender Freiheit.
Du hast das Licht der Liebe entzündet
und führst uns unbeirrt
zur Erkenntnis ewiger Wahrheit.

Zu Deinen Lotosfüßen
opfere ich eine Blume
aus dem geheimsten Winkel meines Herzens,
und bitte Dich
um das Geschenk ungeteilter Hingabe
und beharrlichen Strebens
nach Einheit mit Dir.
Öffne mir das Tor
zur Glückseligkeit des Selbst.

## Die Sarvasakshi

Mutter ist ein lebendes Beispiel für den erhabenen Zustand des *sakshi bhava*. Man braucht sie nur genau zu beobachten, um zu erkennen, daß sie sich immer auf dieser Ebene befindet. Ihr ganzes Leben legt davon Zeugnis ab. In ihrer Kindheit mußte sie schwere Prüfungen und Leiden durchstehen. Da sie unter völlig unwissenden Leuten lebte, bedurfte es unendlicher Geduld und innerer Distanz, um alles zu meistern. Sie stand den enormen Schwierigkeiten, die sie zu bewältigen hatte, fest und unerschütterlich gegenüber.

Die *Bhagavad Gita* sagt:

*Brahman, der Atman, ist nicht zu spalten,*
*nicht zu verbrennen, zu benetzen oder auszudörren.*
*Er ist ewig, alldurchdringend, festgegründet,*
*unveränderlich und dauerhaft.* (2. Kap., Vers 24)

Mutter war durch nichts und niemanden zu erschüttern. Sie blickte nie mit Bedauern zurück, noch machte sie sich je Sorgen um die Zukunft. Ruhig und beherzt stellte sie sich allen schwierigen Situationen ihres Lebens mit einem Lächeln. Immer war sie bereit, alles Geschehen zu akzeptieren. Jeder andere Mensch wäre unter den endlosen Leiden zerbrochen, die sie durchzumachen hatte, und hätte allen Mut und alles Selbstvertrauen verloren.

Doch trotz aller widrigen Umstände, ohne Unterstützung von irgendeiner Seite, nicht einmal von ihrer eigenen Familie, gelang es Mutter, ganz allein eine große spirituelle Bewegung ins Leben zu rufen.

Sie wurde in einem armen Fischerdorf geboren, erhielt keine nennenswerte Schulbildung, besaß kein Geld und erklomm dennoch unglaubliche Höhen. Wie läßt sich dies erklären?

Kürzlich fragte jemand Mutter: «Was denkst du über die enorme Entwicklung deines Ashrams und der Bewegung? Es gab eine Zeit, als man dich zu verleumden versuchte und dir alle möglichen Hindernisse in den Weg legte. Jetzt wirst du in aller Welt respektiert und verehrt. Wie fühlst du dich dabei?»

Mutter antwortete lächelnd: «Amma empfindet keinerlei Unterschied, sie ist immer dieselbe. Damals, als es die sogenannten Schwierigkeiten gab, lebte ich in meinem Selbst, und jetzt, mit dem sogenannten berühmten Namen, lebe ich weiterhin in meinem Selbst.»

Ja, Mutter bleibt sich immer gleich, ihre Liebe und ihr Mitgefühl wandeln sich nie, und doch kann sie, wenn sie will, verspielt sein wie ein Kind. Wann immer sie wünscht, vermag sie sich von der Welt zu lösen und auf ihrer eigenen Bewußtseinsebene zu verweilen. Sie kann ganz gleichgültig sein gegenüber dem Körper und beliebig lange auf Schlaf und Nahrung verzichten. Sie ist vollkommen unabhängig von der Außenwelt.

Ihr Leben war mehrmals von unwissenden Dorfbewohnern bedroht. Einmal wollten ihr älterer Bruder Subhagan und einer ihrer Cousins sie töten. Sie näherten sich Amma in der Absicht, sie zu erstechen. Aber selbst in dieser Situation konnte sie ihnen mit einem Lächeln sagen: «Ich fürchte den Tod nicht. Ihr könnt diesen Körper vernichten, aber das Selbst ist unsterblich und unzerstörbar. Das Selbst könnt ihr nicht töten.» Dann setzte sie sich still und gelassen hin. Die beiden waren entwaffnet, sie konnten ihr nichts antun. Das ist die Stärke des Selbst, des Atman. Dergleichen kann nur ein im *sakshi bhava* gefestigter Mensch vollbringen, der alles Geschehen wahrnimmt, während er im erhabenen Bewußtseinszustand des reinen Beobachters verweilt.

# Die unbegrenzte Macht des Selbst

Mutter sagte einmal: «Wenn ihr erst einmal im Zustand des Nicht-Gemüts verwurzelt seid, kann euch niemand etwas antun, es sei denn, ihr laßt es bewußt zu. Ihr könnt erlauben, daß etwas geschieht, oder ihr könnt es verhindern. So oder so bleibt ihr als bloße Beobachter vollkommen unbeeinträchtigt und gelassen, für immer fest gegründet in absoluter Freiheit. Angenommen, man will euch verletzen oder töten. Wenn ihr es nicht zulaßt, können sie keinen Finger gegen euch erheben. Solange ihr es nicht selbst so bestimmt, kann nichts, was sie tun, euch irgend etwas anhaben. Alle ihre Machenschaften schlagen auf geheimnisvolle Weise fehl. Schließlich erkennen sie vielleicht, daß ihr unter dem Schutz einer göttlichen Macht steht. Doch diese Macht ist die unbegrenzte Macht des Selbst, sie kommt nicht von außen. Ihre Quelle liegt in euch, ihr werdet zu dieser unendlichen Macht. Wenn ihr kein Ego habt, seid ihr alles. Das ganze Weltall ist mit dem Erleuchteten. Alle Tiere, Bäume, Berge und Flüsse, Sonne, Mond und Sterne stehen der selbstverwirklichten Seele bei – weil ihr in diesem Zustand ohne Ego seid. Wenn ihr euch in echter Demut vor allem Sein verbeugt, dann verbeugt sich das Universum – alles Sein – auch vor euch und dient euch. Aber ihr könnt ihm auch befehlen, sich gegen euch zu wenden, denn ihr bleibt in jedem Falle unbeeinträchtigt.

Wenn kein Gemüt und kein Ego existieren, dann seid ihr eins mit dem gesamten All, und alle Wesen der Welt sind eure Freunde. Kein Geschöpf wird euch als Feind betrachten. Sogar ein Feind wäre euer Freund, wäre eins mit euch, denn der Feind ist euer eigenes Selbst, auch wenn er sich dieser Tatsache nicht bewußt ist. Wenn ihr mit dem Feind innerlich eins seid, wie kann er dann euer Feind sein? Wie kann irgend jemand oder irgend etwas, das in euch als Teil eures Selbst existiert, ob es Bewußtsein hat oder nicht, euch in irgendeiner Weise schädigen? Das ist unmöglich. Sobald ihr das Ego aufgebt, kann euch nichts geschehen, es sei denn, ihr wollt, daß es geschieht.

Der König von Mewar wollte Mirabai töten. Er sandte ihr

einen Becher Gift und ließ ihr ausrichten, dies sei ein besonderer Trank, den er für sie zubereitet habe. Dazu legte er einen Brief voll süßer Worte der Entschuldigung für seine grausamen Handlungen.

Obwohl Mira wußte, daß es Gift war, nahm sie den Becher und trank ihn aus. Aber das Gift wirkte nicht. Der König versuchte noch mit verschiedenen anderen Mitteln, sie zu töten, doch all seine Versuche schlugen fehl. Mira blieb bei alledem gelassen und glückselig. Wie war das möglich? Sie hatte kein Ego; sie stand jenseits des Gemüts.

Für Mirabai war alles ihr ‹Giridhar›, ihr geliebter Krishna. Sie hatte keine Wünsche, sie wollte nichts für sich selbst. Es war ihr nicht einmal wichtig, ob Krishna sie liebte oder nicht. Sie wollte nichts als ihn lieben. Für sich selbst stellte sie keine Ansprüche. Für Mirabai war alles Krishna: ‹O Herr! Du, nur Du allein!› Sie hatte kein ‹Ich›, sie hatte nicht das Gefühl, selbst zu handeln. Ob gut oder schlecht, ihr Gebieter Krishna tat alles für sie. Was auch geschah, sie klagte nie. Sie akzeptierte einfach alles, sie betrachtete das, was ihr geschah, als Krishnas *prasad*. Indem sie sich Krishna hingab, gab Mirabai sich allem Sein hin. Für sie war Krishna keine begrenzte Persönlichkeit, die sie nur in dieser bestimmten Gestalt wahrnahm. Sie sah das ganze Universum als Krishna, sie war eins geworden mit der ganzen Schöpfung, eins geworden mit der Energie Krishnas. Sie war sich ihres eigenen Körpers nicht bewußt. Und wenn man keinen Körper hat, wie kann man dann getötet werden? In einem solchen Zustand ist die ganze Schöpfung auf eurer Seite und beschützt euch. Wie könnte euch Gift also irgend etwas anhaben? Wie könnte euch ein Teil der Schöpfung in irgendeiner Weise schädigen? Er kann euch nur dann berühren, wenn ihr es ihm erlaubt. Wenn ihr nein sagt, macht er kehrt und geht fort. Sobald ihr diesen erhabenen Zustand erreicht, kann euch nichts mehr geschehen, selbst wenn der Körper gefoltert oder vernichtet wird, denn ihr seid nicht der Körper – ihr seid das Selbst.

Das ganze Weltall ist euer Leib, jedes Glied der Schöpfung ist Glied eures universalen Leibes. Wenn alles eins ist, wie könnte ein Teil dann das Ganze schädigen? Wie könnte die Hand das Auge verletzen? Sie mögen verschieden aussehen und verschiedenen Zwecken dienen, aber sie sind eins mit dem ganzen Körper.

Wenn ihr eure Einheit mit dem Selbst erkennt, wird die ganze Schöpfung euer treuer Diener. Ihr seid Meister, und alle Wesen erwarten eure Befehle. Wenn die ganze Natur euch voll unterstützt, kann sich dann irgend etwas gegen euch wenden, sofern ihr es nicht selbst wollt? Die Natur führt aus, was ihr befehlt. Wenn ihr sagt: ‹Nein, tu das nicht!›, kann nichts geschehen. Wer in der rechten inneren Verfassung ist, den kann nichts verletzen. Selbstverwirklichung ist der vollkommene Seinszustand.»

Dies erinnert uns an einen Vorfall in Mutters Leben. Einmal steckte sie einem tollwütigen Hund ihre Hand ins Maul. Der Hund war zu der Zeit, als sie noch im Freien lebte, einer ihrer Gefährten gewesen. Mutter liebte den Hund sehr, und als sie ihn an einen Baum gekettet sah, ging sie zu ihm und liebkoste ihn. Sie nahm ihn in die Arme und küßte ihn auf die Schnauze. Beim Versuch, den Hund zu füttern, steckte sie ihm ihre Hand ins Maul. Alle Zeugen dieser Szene waren schockiert, weil der äußerst ansteckende Speichel des Hundes Mutters Hand benetzte. In großer Sorge drängten sie Mutter, sich zur Sicherheit Spritzen gegen Tollwut geben zu lassen. Aber sie lächelte nur und sagte: «Seid unbesorgt, nichts wird passieren.» Und so war es natürlich auch.

Mutter sagt: «Sobald ihr Verwirklichung erlangt, werdet ihr zum kosmischen Bewußtsein. Jedes individuelle Bewußtsein ist dann das eure. Ihr werdet zum alleinigen Herrscher über jedes Gemüt, nicht nur über die Gemüter der Menschen, sondern auch über das kosmische Gemüt. Das bedeutet, daß ihr über jedes einzelne Gemüt gebietet: Ihr seid dann alle Wesen und wohnt in ihren Körpern. Auch euer Widersacher ist niemand anders als ihr selbst in einer anderen Hülle. Es ist wie mit Bonbons, die gleich schmecken, aber in vielen verschiedenen Farben, blau, grün, rot oder gelb verpackt sind. Die Bonbons mögen denken: ‹Ich bin blau, ich bin grün usw.› Aber was steckt in der Verpackung? Dieselben Süßigkeiten mit demselben Geschmack, die aus denselben Zutaten bestehen.»

Mutter sagte einmal: «Alle eure Gedanken und Handlungen gehen durch Amma hindurch.»

Grenzenlos ist das Wesen eines *Mahatma*. Wir können nur sein äußeres Wirken wahrnehmen. Der *Mahatma* bleibt uns ein absolutes Rätsel, ein geheimnisvolles Phänomen, das nur zu begreifen ist, wenn wir unser eigenes Selbst erkennen. Wir erkennen unsere Begrenzungen, wenn wir bei einem *Mahatma* sind; er hilft uns durch seine unendliche Erhabenheit, seine grenzenlose Liebe und sein Mitgefühl, demütig zu werden. Erst dann werden wir uns der eigenen Nichtigkeit bewußt. Nur das Gefühl der Nichtigkeit und Demut hilft uns, den Zustand vollkommener Fülle, die Erfahrung ‹Ich bin alles› zu erreichen.

# Kapitel 4

Für die Brahmacharins im Ashram sollten ein paar neue Hütten gebaut werden. Nach dem abendlichen *bhajan*-Singen wies Mutter alle Devotees an, zum Meeresstrand zu gehen, um Sand für die Fundamente der neuen Hütten zu holen. Sogleich machten sich alle mit Körben und Schaufeln auf den Weg. Mutter ging voran, und bald kam die Gruppe am Strand an.

Die Nacht war dunkel und kühl, die See war rauh. Gewaltige Wellen stiegen mit tiefem, die Nacht durchdringendem Rauschen aus der weiten, dunklen Wasserfläche empor und schlugen an den Strand. Der Ozean bot im unendlichen Dunkel der Nacht einen ehrfurchtgebietenden Anblick. Er rief bei allen, die dabei waren, ein Gefühl tiefen inneren Friedens hervor, öffnete ihre Seelen, klärte und weitete ihre Bewußtheit.

Die Arbeit mit dem Sand begann, und alle packten frohgemut zu. Auch Mutter nahm aktiv teil: Manchmal schaufelte sie Sand in Säcke, dann trug sie einen Sandsack den ganzen Weg zum Ashram auf ihren Schultern. Die Devotees wollten sie zwar an der schweren Arbeit hindern, aber Mutter hörte nicht auf ihre Bitten. Fast zwei Stunden dauerte die Arbeit mit dem Sand. Es war nun kurz vor elf Uhr. Mutter setzte sich, umgeben von den Brahmacharins und einigen Besuchern, an den Strand.

Sie verteilte an alle, die mitgearbeitet hatten, gesalzene Bananenchips und heißen schwarzen Kaffee. Einer nach dem anderen holte sich seinen Anteil bei Mutter ab. Zu einem Brahmacharin, der sich auch eingereiht hatte, sagte sie: «Nein, du hast nicht gearbeitet, deshalb bekommst du keinen *prasad*. Er ist nur für diejenigen, die sich zwei Stunden lang abgemüht haben.»

Als der Brahmacharin wortlos aus der Reihe trat, überkam Amma ihre mütterliche Herzlichkeit; sie rief ihn zurück und sagte: «Schon gut, mein Sohn, sei nicht traurig. Trage wenigstens einen Sandsack zum Ashram. Wenn du zurückkommst, gibt Amma dir *prasad.*»

Der Brahmacharin tat, wie sie ihm aufgetragen hatte. Während er den Sack zum Ashram trug, sagte Mutter: «Einen Sack muß er tragen, weil Mutter denen gegenüber, die selbstlos gearbeitet haben, nicht ungerecht sein will. Zuerst kommt die Anstrengung, dann die Entspannung.»

## Das Gemüt, ein großer Betrug

Während sich die Devotees Mutters *prasad* schmecken ließen, fragte ein Brahmacharin: «Amma, als du gestern erklärtest, was *sakshi bhava* bedeutet, sagtest du, das Gemüt sei unwirklich. Ich habe auch gelesen, die Welt sei unwirklich. Welche Aussage ist richtig?»

Mutter: «Beide Aussagen treffen zu. Das Gemüt ist ein großer Betrug, und die Welt ist eine Projektion dieses Betrugs. Beide sind unreal. Die Welt besteht nur aufgrund des Gemüts. Das Gemüt ist die Ursache aller Probleme. Es läßt dich zweifeln und leiden; es ruft deinen ganzen Zorn, Haß und Neid hervor; es treibt dich zu unbedachtem Handeln und zu bösen Taten; es stößt dich unvermeidlich ins Unglück. Das Gemüt ist die Hölle, ist *maya* (Illusion) und Unwahrheit. Solange du ein Gemüt hast, ist dein Dasein unreal. Nur indem du dich vom Gemüt befreist, gelangst du wieder in die Wahrheit und Wirklichkeit.

Als Produkt des Gemüts ist auch das Ego ein Betrug; es ist unwirklich. Du kannst erst dann in Fülle und Vollkommenheit leben, wenn du dich von Gemüt und Ego frei gemacht hast.»

Frage: «Amma, du sagst, Gemüt und Ego seien unwirklich, die Welt der Erscheinungen sei nur eine Projektion des Gemüts, und unsere wahre Natur sei der Atman oder das Selbst. Das ist sehr schwer zu verstehen. Kannst du es noch deutlicher erklären?»

Mutter: «Zuerst mußt du wissen, mein Sohn, daß dies nicht mit Worten erklärt werden kann. Ganz gleich, wie viele Beweise und Beispiele Mutter gibt, dieselben Fragen und Zweifel werden dir immer wieder kommen, bis du selbst die Wahrheit erfährst. Du selbst mußt die Unwirklichkeit des Gemüts und der Welt erkennen. Strebe intensiv danach, und du wirst diese Erkenntnis erlangen!

Erkennt, daß das Gemüt das größte aller Rätsel ist. Reines Bewußtsein, das Selbst, ist hingegen kein Rätsel. Sobald ihr das Selbst erkennt, werdet ihr feststellen, daß es nichts Geheimnisvolles hat – es unterscheidet sich nicht von euch selbst, eurer eigenen wahren Natur. Es ist euch näher als das Nächste. Erst das Gemüt macht ein Geheimnis daraus, denn es ist eine Komplikation, die alles kompliziert macht.

Ihr seid nicht das Gemüt, ihr seid das Selbst, der Atman. Ihr seid in diesem Bewußtsein geboren, ihr wachst in ihm auf, ihr lebt und ihr sterbt in ihm, aber dieser großen Wahrheit seid ihr euch nicht bewußt. Wie kommt das? Durch das Gemüt und die von ihm erschaffene Welt. Das Gemüt verhindert Selbsterkenntnis, es zehrt alle eure Kraft und Vitalität auf und schwächt euch enorm. Bemüht euch deshalb, dieser Unwirklichkeit zu entrinnen. Befreit euch von dem großen Schwindler, dem Gemüt, dem Ego.

Ihr fragt immer nach Beweisen und Erklärungen, aber hierfür gibt es keine Beweise. Ein Ergebnis empirischer Forschung ist nachprüfbar. Man kann etwas beweisen, was mit den Sinnen wahrzunehmen ist. Aber der Atman liegt jenseits experimenteller Forschung und sinnlicher Wahrnehmung. Ihn könnt ihr nicht empirisch beweisen, ihr erfahrt ihn in euch. Bedenkt, daß nur das Gemüt, das unwirkliche Gemüt Beweise fordert für das Wirkliche! Die eigentliche Quelle eurer Zweifel und Fragen ist selbst unwirklich. Alle eure Zweifel und Befürchtungen stammen von dem großen Betrüger, dem Gemüt.

Ich gebe euch ein Beispiel: Es lebte einmal ein berühmter Ringer, den niemand bezwingen konnte. Schon etliche Jahre war er der Meister in seinem Land. Das hatte ihn natürlich stolz und arrogant gemacht. Eines Tages forderte ein Ringer aus einer anderen Stadt den Champion heraus. Er nahm die Herausforderung an, und ein Tag für den Kampf wurde festgesetzt. Das große Ereignis wurde weithin bekanntgemacht. Der Tag der Entscheidung kam, und die Kämpfer traten in die Arena. Unser stolzer Ringer, der Landesmeister, war sehr siegesgewiß. Er war stärker als sein Gegner, besaß einen außerordentlich geschmeidigen Körper und hatte langjährige Erfahrung. Das Ringen begann. Die Zuschauer feuerten beide Kämpfer mit Zurufen, Pfeifen und Winken an. Manche jubeltem dem Meister zu, andere waren auf der Seite seines Gegners. Das Ringen dauerte schon eine gute Weile, und man konnte schwer abschätzen, wer den Sieg davontragen würde; doch zuletzt fügte der Herausforderer dem Meister eine vernichtende Niederlage zu und wurde selbst zum diesjährigen Meister erklärt. Das Publikum jubelte dem neuen Meister zu und verlachte und verspottete den besiegten Ringer. Irgendwie gelang es ihm, sich von der Matte zu erheben, und er verließ die Arena beschämt mit gesenktem Kopf. Noch lange danach hallten ihm der Hohn und Spott in den Ohren. Sein Herz war von Haß erfüllt, und er war zutiefst erregt. Da wachte er plötzlich auf.

Ja, er hatte das alles nur geträumt. Trotzdem fühlte sich unser Champion tief beunruhigt. Er hatte seinen Seelenfrieden eingebüßt und lief in seinem Zimmer hin und her wie ein Löwe im Käfig. Sein Gemüt war vom Gedanken an Vergeltung erfüllt. Noch ganz in seinem Traum befangen, überlegte er angestrengt, mit welcher Taktik er seinen geträumten Gegner bezwingen könnte. ‹Mein Gott›, dachte er, ‹ich habe alles verloren, vor allem meinen Ruf. Wie kann ich mich jetzt noch in der Öffentlichkeit sehen lassen? Niemand wird mich mehr respektieren. Wie soll ich diese Demütigungen aushalten? Lieber möchte ich sterben, als so zu leben. Ich will diesen Idioten zum Revanchekampf herausfordern.› Solche Gedanken schossen ihm durch den Kopf. Grübelnd und sich die Haare raufend lief der stolze Ringer wie unsinnig auf und ab. Aber je erregter er wurde, desto stärker wünschte er sich, aus diesem Gemütszustand herauszukommen. Schließlich setzte er sich hin und versuchte, sich zu entspannen. Das gelang ihm: Als sein Gemüt sich langsam beruhigte, klangen die Gedanken allmählich ab, und bald sah er ein, wie dumm er gewesen war. Er dachte: ‹Mein Gott, was ist mit mir passiert? Was für ein Narr ich bin. Es war doch nur ein Traum und keine Wirklichkeit! Alles war nur ein Gespinst meines eigenen Gemüts.

Ich bin in Panik geraten und habe mich über etwas aufgeregt, was nie geschehen ist.›

Seht, wie der Ringer von seinem eigenen Gemüt total getäuscht wurde. Er hatte sich ganz und gar mit dem Traum identifiziert und das Traumgeschehen für real gehalten. Woher kamen der andere Ringer und die Zuschauer mit ihrem lauten Beifall und ihrem Hohngeschrei? Wer hatte die verschiedenen Taktiken erdacht, die die beiden Kämpfer aneinander erprobten? Wer hatte die Arena, die Niederlage unseres Landesmeisters, seine Scham, seinen Zorn und seinen Vergeltungsdrang hervorgebracht? Alles war nur eine Schöpfung des Gemüts. Obwohl unreal, erschien es dem Ringer real, und er verhielt sich entsprechend. Solange er sich mit seiner selbstgeschaffenen Traumwelt identifizierte, mußte er leiden, doch sobald er die Unwirklichkeit des Traumes erkannte, war er seinem Einfluß entronnen und fand Frieden.

Ganz ähnlich identifizieren wir alle uns mit einem Traum. Der Ringer war nur in einen kurzen Traum verstrickt. Sobald er erwachte, verflog die Traumwelt, und als er sich entspannte, schwand auch die Identifikation mit dem Traum. Wir dagegen identifizieren uns mit einem viel längeren Traum. Es ist ein vom Gemüt hervorgebrachter, auf unseren Gedanken und vergangenen Erfahrungen beruhender Traum. Noch glauben wir, der Traum sei Wirklichkeit. Wir leben in einem vom Gemüt erschaffenen Traum und identifizieren uns mit ihm. Das Erwachen muß erst noch eintreten.

Du wolltest eine deutlichere Erklärung. Wie kann aber erklärt werden, solange du träumst? Der Traum vergeht, wenn du erwachst; erst dann wird dir alles klar. Ihr alle träumt, Kinder, und nehmt den Traum für Wirklichkeit. Auch umständliche Erklärungen können euch das nicht veranschaulichen. Bis ihr erwacht und aufhört, euch mit dem Traum zu identifizieren, wird es unklar bleiben. Wacht auf, und ihr werdet erkennen, daß ihr nur träumtet. Dann wird euch alles absolut klarsein.

# Die beiden Kräfte des Gemüts

Das Gemüt besitzt zwei Kräfte: die Kraft des Verhüllens und die Kraft der Übertragung. Zuerst verschleiert das Gemüt das wahre Wesen einer Erscheinung, und dann gibt es ihr eine falsche Interpretation. Deshalb sagt Amma, das Gemüt sei ein Lügner. Es verbirgt die Wahrheit und spiegelt uns etwas anderes vor.

Ein Mann ging allein auf einem Feldweg. Es war Nacht, und er hatte Mühe, bei dem schwachen Licht seinen Weg zu finden. Plötzlich fühlte er, wie etwas ihn in den Fuß biß. Er tastete seinen Fuß ab, entdeckte eine kleine Wunde und spürte, daß Blut aus der Wunde rann. Als er neben sich im Gebüsch eine zusammengerollte Schlange sah, erstarrte er. Die Schlange mußte ihn gebissen haben. In panischer Angst rief der Mann aus Leibeskräften: ‹Hilfe! Ich bin von einer Giftschlange gebissen worden! Ich sterbe! Kommt bitte schnell und bringt mich zum Arzt!› Hysterisch schrie der Mann in einem fort. Er fühlte sich jetzt schrecklich müde, und in seinem Kopf drehte es sich, als würde er sogleich ohnmächtig werden. Er setzte sich zu Boden und fuhr fort, um Hilfe zu rufen. Nach wenigen Minuten kam ein Mann mit einer Taschenlampe. ‹Was ist los? Was ist passiert?› fragte er. ‹Eine Giftschlange hat mich gebissen. Ich sterbe. Kannst du mich zum Arzt bringen?› ‹Sei unbesorgt! Natürlich helfe ich dir. Aber wo genau ist es passiert?› fragte der Fremde. ‹Hier, an dieser Stelle›, antwortete der Mann. ‹Dort ist der Busch, und da ist die Schlange!› Der Fremde leuchtete mit seiner Lampe ins Gebüsch, und was sah er da? Einen Dornbusch, in dem sich ein Stück Seil verfangen hatte. Der Fremde sagte: ‹Sieh genau hin! Es ist ein Dornbusch. Du mußt dir einen Dorn in den Fuß getreten haben. Dein Pech war, daß du zugleich im Dämmerlicht das Seil gesehen und es für eine Schlange gehalten hast. Deshalb warst du überzeugt, daß eine Schlange dich gebissen hätte. Aber jetzt kennst du die Wahrheit und kannst dich beruhigen.› Sobald der Mann den Sachverhalt erfaßt hatte, verflogen alle Zeichen von Müdigkeit und Benommenheit, und er entspannte sich wieder.

Solche Streiche spielt uns das Gemüt. In diesem Fall hat es zuerst die wirkliche Natur des Seils verhüllt und dann eine Schlange darauf projiziert. Die Schlange ist eure Vergangenheit. Das Gemüt wirkt immer so. Es verhüllt den Atman, die einzige Wirklichkeit, und projiziert an seine Stelle eine Welt der Vielfalt. Der Atman, das Selbst, wird verschleiert und von unseren Gedanken überdeckt. Dieses Täuschungsmanöver des Gemüts setzt sich endlos fort. Die Illusion ist nur dadurch zu beseitigen, daß ein echter Meister euch das Licht wahren Wissens bringt. Dann werdet ihr die Wahrheit erkennen und Frieden finden. Das ist das wirkliche Erwachen. Bis dahin bleibt die Wahrheit unklar.»

## Wache auf, dann wirst du wissen!

Nach einer kurzen Pause stellte Brahmachari Venu eine weitere Frage: «Amma, sind das Erwachen, von dem du gerade gesprochen hast, und der Zustand des *sakshi bhava* ein und dasselbe, oder handelt es sich um verschiedene Dinge?»

Mutter: «Das Erwachen wie auch der *sakshi bhava* erfordern Bewußtheit. Wirkliche Spiritualität ist totale Bewußtheit – sie sind ein und dasselbe. Die meisten Menschen sind nicht bewußt. Sie leben in einer Welt der Unbewußtheit, denn so hat man es sie gelehrt.

Ein Kind kommt mit reinem Bewußtsein auf die Welt, aber die Gesellschaft lehrt es, unbewußt zu leben. Die Menschen in der Umgebung des Kindes, seine Eltern und Geschwister, die Freunde und die ganze soziale Umwelt lehren das Kind, gewisse Gewohnheiten anzunehmen. Sie ziehen es in einer bestimmten Weise auf, in einer bestimmten Religion, Kultur und Sprache, mit bestimmten Gewohnheiten in Verhalten und Ernährung. Das Kind wird von seiner Umgebung geprägt. Sein Bewußtsein trübt sich, und es vergißt sein wahres Wesen. Man bringt ihm alles mögliche bei, nur nicht, einfach in seinem wahren Wesen zu verweilen. So wird das Kind, indem es aufwächst, immer unbewußter, immer mehr von dem geprägt, was man ihm aufzwingt. Es verliert seine Reinheit und Unschuld und lernt nie, still zu sein.

Um bewußt zu sein, muß man aber still sein. Entspannung kann nicht eintreten, solange man nicht die Fesseln des Gemüts zu sprengen lernt. Die Heiligen und Seher des Altertums haben uns durch das Vorbild ihres eigenen Lebens den Weg gezeigt, wie wir uns vom Gemüt, den Gedanken und aller von ihnen verursachten Sklaverei befreien können.»

An dieser Stelle warf Venu erregt ein: «Amma, warum sollen wir so weit zurückgehen? Du selbst zeigst uns den richtigen Weg.»

Ohne auf den Einwurf zu achten, fuhr Mutter fort: «Lernt, in eurem Leben das zu sein, was ihr sein wollt, und lernt zugleich die Methode, in allen Lebenslagen vollkommen bewußt zu bleiben. Wenn ihr diese Kunst erst einmal beherrscht, bleibt ihr immer hellwache Beobachter alles dessen, was um euch her geschieht, ohne selbst darin verstrickt zu werden.

Angenommen, ihr werdet zornig. Dann nehmt den Zorn einfach wahr. Seid euch des zornigen Gedankens, der in euch aufgestiegen ist, bewußt. Wenn ihr ihn dann klar wahrnehmt, kann eine derartige Stimmung euch nicht übermannen. Zorn ist ein Verhängnis, und niemand würde sich bewußt in einen solchen Zustand begeben. Er beschmutzt und vergiftet alles und alle. Zorn und die anderen negativen Gemütsverfassungen steigen unbewußt auf und können verheerende Folgen haben. Wenn ihr bewußt seid, ganz wach und stets achtsam, können sie euch nichts anhaben. Beobachtet ebenso bewußt, wie ein Gefühl wieder aus eurem Gemüt verschwindet. Jetzt geschieht dies alles noch ohne euer Wissen; ihr laßt euch von euren Gedanken und Gefühlen überrumpeln, als würdet ihr innerlich tief schlafen.

*Sakshi bhava* kann eine spirituelle Übung oder ein dauerhafter Zustand sein. Wenn ihr fest in diesem Zustand gegründet seid, dann erlebt ihr ihn als ganz spontan und natürlich. Ein guter Beobachter sein kann nur, wer ständig wach ist. Die in der Vergangenheit erschaffene Traumwelt hat in diesem Zustand keinen Platz. Die Vergangenheit muß sterben. Damit *sakshi bhava* eintreten kann, muß das Gemüt sich auflösen.

Euer wahres Wesen gleicht dem Himmel, nicht den Wolken. Der Himmel ist reines Bewußtsein, der Ozean ist reines Bewußtsein. Der Himmel ist stiller Beobachter der Wolken und der Ozean stiller Beobachter der Wellen. Die Wolken sind nicht der Himmel, und die Wellen sind nicht der Ozean. Wolken und Wellen kommen und gehen. Himmel und Ozean sind die Grundlage für das Dasein von Wolken und Wellen. Diese haben keine eigene Existenz, sie sind unreal und ändern sich dauernd. Wie Himmel und Ozean die Grundlage bilden für Wolken und Wellen, so ist der Beobachtende die Grundlage für alles Geschehen. Alles spielt sich im erhabenen Bewußtsein des Beobachters ab, doch dieser bleibt davon unberührt. Er *ist* einfach – rein und unbeeindruckt von allem Geschehen.

Ähnlich verhält es sich mit dem Gemüt und dessen ständig auftauchenden und wieder vergehenden Gedanken. Unwirklich und ohne Dauer sind sie wie die kurzlebigen Wolken am Himmel und die Wellen im Ozean. Sie können euer Bewußtsein nicht berühren. Unter der Oberfläche bleibt es rein und unberührt. Dieses reine Bewußtsein, stets allen Geschehens bewußt, ist der universale Zeuge, der *sakshi*.

Im *sakshi bhava* Fuß zu fassen bedeutet, immer bewußt zu bleiben. Wenn ihr nicht hellwach und vollkommen bewußt seid, kann *sakshi bhava* nicht eintreten.»

Einer der Besucher sagte: «Im *Lalita Asthottara* (die 108 Namen der göttlichen Mutter) heißt es, die Göttin sei Beobachterin aller drei Bewußtseinszustände, nämlich *jagrat* (Wachzustand), *swapna* (Traumzustand) und *sushupti* (Tiefschlaf). *Jagrat swapna sushupttinam – sakshi bhuttyai namah.*» Der Devotee legte die Hände zusammen und sagte: «O Amma, wir glauben, daß du Lalita Parameswari bist, die universale *Sakshi*, die Beobachterin aller drei Bewußtseinszustände.»

Mutter stimmte ein Lied an, *Uyirayi Oliyayi:*

O Göttin Uma,
Leben, Licht und Kraft der Welt,
wo bist Du zu finden?
O Wissende,

Du bist Wind, Feuer und Meer.
Sieh mich gnädig an.

Du bist das wahre verborgene Wissen.
Wo du nicht bist,
ist alle Weisheit der Welt
in weite Ferne gerückt,
folgt endlos Wiedergeburt auf Geburt,
wurde das Unwirkliche wahr,
nehmen Unrecht und Sünde zu.
Wie ein Affe
schweift das rastlose Gemüt umher,
in seiner Hand die Frucht des Betrugs.
Ohne das Wissen um ihre wahre Natur
wird sie zur Speise
für den Todesgott.

Nach dem Lied war Mutter in tiefe Meditation versunken. Sie saß bewegungslos, in den ihr natürlichen transzendenten Zustand versunken, und schien vollkommen weltenthoben. Durch das, was sie soeben über den höchsten Bewußtseinszustand dargelegt hatte, war offenbar der dünne Schleier zwischen ihrer wahren Natur und der äußeren Welt zerrissen. Mutter hatte erklärt: «Ein dünner Schleier ist zu dem einzigen Zweck geschaffen, daß Amma mit euch allen hier in der Welt sein kann. Aber sie kann diesen dünnen Schleier jederzeit fortziehen, wenn sie das will.»

Wenn man bei Mutter sitzt und sie beobachtet, spürt man manchmal auch ihr überpersönliches Wesen. In diesem Moment konnte man einen Blick auf diesen höchsten Zustand werfen. Gegen den Hintergrund des unendlichen Ozeans, dessen Wellen sich am mondbeschienenen Strand brachen, und dem grenzenlosen Himmel über uns mit seinen zahllosen funkelnden Sternen erschien Mutter in ihrem entrückten Zustand als ein unergründliches Rätsel. Die Atmosphäre war von einer fast greifbaren spirituellen Energie erfüllt, einem einzigartigen Gefühl von Tiefe, das wiederum bei allen Anwesenden eine Empfindung außerordentlichen Friedens auslöste. Es war eine Spanne reiner Glückseligkeit. Beinahe fünfzehn Minuten vergingen so, und obwohl ein kalter Wind von der See her wehte, kam es niemandem in den Sinn, sich zu rühren.

Es war fast Mitternacht. Mutters Körper regte sich leise, und kurz darauf kehrte sie in ihr normales Bewußtsein der äußeren Welt zurück. Bald hatten das alle bemerkt.

Ein paar Fischer kamen aus ihren Hütten, um zu sehen, was sich zu dieser späten Nachtstunde tat, und einige von ihnen schlossen sich der Gruppe an.

## Innere Bindung, eine Krankheit

Bald begann Mutter wieder zu sprechen. Sie sagte: «Die Menschen haben zwei Hauptprobleme. Eins von ihnen taucht auf, wenn man nicht bekommt, was man ersehnt. Das andere ist sehr seltsam: es stellt sich ein, wenn man bekommt, was man wünscht.»

Frage: «Amma, das klingt sonderbar! Wie kann ein Problem daraus entstehen, daß man bekommt, was man will?»

Mutter: «Sehr einfach: wenn deine Wünsche in Erfüllung gehen, führt das infolge deiner inneren Bindung an das Ersehnte zu einer Kette von Problemen. Sobald du das Ziel deiner Wünsche erreicht hast, willst du es sichern, und das verstärkt wiederum deinen Besitzanspruch. Ob du bekommst, was du willst, oder nicht – das Gemüt wird in jedem Fall sehr unruhig. In dem Bemühen, das Erreichte zu sichern, verlierst du deinen inneren Frieden. Das wirkliche Problem ist also die innere Bindung, die das immer neue Probleme hervorbringende Gemüt verursacht. Innere Bindung ist eine Krankheit. Wenn man zu sehr an etwas hängt, kann man sogar den Verstand verlieren.

Man kann nicht an Dingen der Welt hängen und zugleich in Frieden leben, denn jede überstarke Bindung ruft große innere Spannungen hervor, und dies ist zwangsläufig schmerzhaft. Wenn ihr zu sehr an etwas hängt, intensivieren die aus dieser Bindung stammende Angst und Erregung die Gedankentätigkeit und steigern das innere Chaos. Der daraus entstehende Druck wird so stark, daß ihr die Herrschaft über das Gemüt verliert. Ihr wißt dann nicht mehr weiter und büßt alle innere Klarheit ein. Das Gemüt gleicht dann einem Wald nach dem Wirbelsturm. Bislang konntet ihr die Geschehnisse eures Lebens aus der Distanz betrachten. Aber nun hat der Druck innerer Bindung seinen Gipfel erreicht, die Bürde ist unerträglich geworden, und ihr wißt nicht mehr, was ihr tun und wie ihr euch dazu stellen sollt.

Das Leben gleitet euch aus den Händen, ihr fühlt euch zutiefst einsam und niedergeschlagen; so werdet ihr zur leichten Beute eures Gemüts. Ihr ertrinkt in euren Gedanken; je mehr ihr euch mit dem Gemüt und seinen negativen Gefühlen identifiziert, desto leichter können sie euch überwältigen und verschlingen. Es kommt zum emotionalen Zusammenbruch, der euch in die finstersten Winkel des Gemüts drängt. Ihr könnt dabei sogar wahnsinnig werden. So weitreichende Folgen können unsere inneren Bindungen haben.

Mutter will euch eine Geschichte erzählen, die sie gehört hat. Ein Mann war zu Besuch in einer psychiatrischen Klinik, deren Arzt ein guter Freund von ihm war. Der Arzt führte ihn durch die Klinik und machte ihn auf einige Patienten aufmerksam. In einem Zimmer schaukelte ein Mann auf einem Stuhl hin und her und wiederholte dabei in einem fort fröhlich den Namen ‹Pumpum, Pumpum, Pumpum . . .› Der Besucher fragte den Arzt: ‹Was ist los mit dem armen Kerl? Wer ist dieser Pumpum?› Der Arzt antwortete: ‹Pumpum war seine Geliebte. Sie hat ihn verlassen und ist mit einem anderen Mann davongelaufen; das hat ihm den Verstand geraubt.› Der Besucher seufzte mitleidig und setzte seinen Rundgang fort. In einem anderen Raum sah er zu seiner Verblüffung, wie ein Mann seinen Kopf gegen die Wand stieß, wobei er denselben Namen aussprach: ‹Pumpum, Pumpum, Pumpum . . .› Er fragte den Arzt: ‹Was ist das? Hat auch dieser Mann etwas mit Pumpum zu tun?› ‹Ja›, erwiderte der Arzt, ‹das ist der Mann, der Pumpum schließlich heiratete.›»

Schallendes Gelächter erhob sich, als Mutter die Geschichte beendete. In der Stille der Nacht klang es wie eine Explosion. Allmählich ebbte das Gelächter ab und verschmolz mit dem Rauschen des Meeres. Gegen halb ein Uhr morgens stand

Mutter auf und ging, gefolgt von ihren Kindern, zum Ashram zurück.

Es war eine wunderbare Nacht. Dies sind unvergeßliche Erlebnisse, die einen tiefen Eindruck im Herzen des Schülers hinterlassen – unschätzbare Erfahrungen, über die man lange nachsinnen kann. Bei einem echten lebenden Meister sein zu dürfen, ist der kostbarste Segen, den ein Mensch empfangen kann. Solche Momente erregen später beim Schüler unendliche Wellen intensiver Liebe und Sehnsucht, die ihn schließlich tief in sein eigenes Bewußtsein tauchen lassen, wodurch er sich zu den Höhen spiritueller Glückseligkeit aufschwingt. Wahrlich gesegnet sind diejenigen, die sich einem großen Meister wie Mutter anschließen.

## Seid unbesorgt!

Ein Devotee sagte: «Wenn Amma uns versichert: ‹Seid unbesorgt›, dann brauchen wir uns wirklich keine Sorgen zu machen, denn auf irgendeine Weise löst sich das Problem.»

Viele Anhänger Ammas erleben das. Der Devotee, der sich so geäußert hatte, war an diesem Abend mit seiner Familie gekommen, um Mutter zu sehen und ihren Segen zu empfangen. Er hatte einen besonderen Grund für seine Feststellung.

Eineinhalb Jahre zuvor hatte er die Heirat seiner Tochter mit einem religiösen jungen Mann arrangiert. Das Paar erfreute sich zunächst eines ungetrübten Eheglücks, doch einige Monate nach der Hochzeit wurde zur Bestürzung der Familie bei der jungen Frau ein Gebärmutterkrebs festgestellt. Sie war damals gerade im fünften Monat schwanger. Die Ärzte hielten den Fall für sehr ernst und kompliziert. Der anscheinend bösartige Tumor müsse operativ entfernt werden. Die Ärzte hatten wenig Hoffnung auf einen Erfolg der Operation. Sie glaubten nicht, daß das Baby überleben werde, und auch die Überlebenschancen der Mutter seien sehr gering. Sie sagten den Eltern der jungen Frau sogar, Gott allein könne ihre Tochter und deren Kind retten. Die verzweifelten Eltern kamen zu Mutter, auf die sie ihre letzte Hoffnung setzten. Sie berichteten ihr von der lebensbedrohenden Krankheit ihrer Tochter und baten um ihre Gnade. Die ganze Familie war Mutter seit ihrer ersten Begegnung im Jahr 1981 treu ergeben. Immer, wenn sie Schwierigkeiten hatten, wandten sie sich an Mutter mit der Bitte um ihren Segen und ihre Führung.

Mutter hörte sich ihr Problem an, versicherte sie ihrer tiefen Anteilnahme und versprach ihnen: «Seid unbesorgt, Mutter wird sich um eure Tochter und ihr Kind kümmern.» Sie hatten volles Vertrauen zu Mutter und machten sich nach dieser Zusicherung keine Sorgen mehr, obwohl die junge Frau sich vier Monate später dennoch operieren lassen mußte. Das Vertrauen zu Mutters Worten erwies sich als absolut gerechtfertigt: die Operation fand statt, das Baby wurde ans Licht der Welt geholt, und zum Erstaunen der Ärzte überlebten Mutter und Kind. Die Ärzte entfernten einen vier Pfund schweren Tumor aus ihrem Uterus, und entgegen ihrer Erwartung traten keinerlei weitere Komplikationen ein. Alles ging glatt; Mutter und Kind waren völlig gesund.

Als Amma aus ihrem Zimmer herunterkam, eilte die Familie, die gespannt auf ihren *darshan* gewartet hatte, ihr entgegen. Sie warfen sich vor Mutter nieder und legten ihr das Neugeborene zu Füßen. Unter Tränen der Dankbarkeit sagte die Mutter des Kindes: «Amma, er hat nur durch deine Gnade das Licht der Welt erblickt.» Amma hob das Baby auf und sagte, während sie es in den Armen hielt und streichelte: «Sieh, wieviel Kummer du deiner Mutter bereitet hast, nur damit sie dich zur Welt bringen konnte.»

Mutter setzte sich an den Fuß der Treppe. Bald war sie von den Devotees umgeben. Das Baby schaute Mutter unverwandt aufmerksam ins Gesicht. Es hatte eine dunkle Hautfarbe, deshalb nannte Mutter es ‹Karumba› (der Schwarze). Sie fuhr fort: «Mein Sohn, du bist schwarz, genau wie Amma. Möchtest du nicht hellhäutig sein wie deine Mutter?» Da begann das Kind plötzlich zu weinen. Mutter sagte: «Anscheinend gefiel es ihm nicht, daß Amma ihn Karumba nannte.»

Der Großvater des Kindes war sehr aufgewühlt und konnte nicht länger an sich halten. «Nein, nein», erwiderte er, «er war ganz glücklich, als du ihn ‹den Schwarzen› nanntest. Er freute sich zu hören, daß er so dunkel sei wie du, Amma, aber er mochte nicht gefragt werden, ob er hell sein wolle wie seine Mutter. Er protestiert! Deshalb weint er.»

Diese liebenswerte Bemerkung rief allgemeine Heiterkeit und zustimmendes Lachen hervor. Auch Amma lachte mit, als sie das Baby seiner Mutter zurückgab.

## Tapas tut not

Mutter wandte sich den neben ihr sitzenden Brahmacharins zu und sagte: «Für jede neue Geburt bedarf es gewaltiger Opfer *(tapas)*. Nehmt zum Beispiel die Geburt eines Kindes. Die Mutter übt während ihrer Schwangerschaft im wahrsten Sinne *tapas*. Sie muß bei allem, was sie tut, und bei jeder Bewegung äußerst vorsichtig sein; sie darf bestimmte Dinge nicht essen; sie soll sich körperlich nicht überanstrengen; sie muß gewisse Situationen meiden, die sie aufregen oder verstimmen könnten; sie darf sich keinen grüblerischen oder sorgenschweren Stimmungen überlassen. Nur wenn die Mutter diese Anweisungen befolgt, wird sie ein gesundes, intelligentes Kind zur Welt bringen. Jeder Fehler könnte das Baby schädigen. Die werdende Mutter denkt ständig an das Kind in ihrem Leib. Sie vergißt es keinen Moment, und sie ist überaus achtsam. Wir sollten uns mit gleicher Hingabe um die spirituelle Geburt bemühen, die sich in uns ereignen soll. Diese angestrengte Bemühung wird *tapas* genannt.

Damit etwas geboren werden kann, sei es eine Nation, eine Institution oder ein Unternehmen, bedarf es großer Opfer. In jedem Bereich kann man nur durch *tapas* zum Gipfel gelangen. Ob ihr geistige oder vorwiegend materielle Ziele verfolgt – um wirkliche Meister auf eurem Gebiet zu werden, ist *tapas* unerläßlich.

Spirituelle Vervollkommnung zu erstreben bedeutet, zu sterben und neu geboren zu werden. Das Ego muß sterben, erst dann könnt ihr wahrhaft geboren werden. Und wie für jede andere Geburt müßt ihr auch hierbei intensiv *tapas* betreiben. *Tapas* ist unvermeidbar. *Tapas* sind die Strapazen, die ihr auf euch nehmen müßt, um das Ziel zu erreichen. Das spirituelle Ziel ist nur mit intensivstem *tapas* zu erreichen. Zwischen ihm und anderen Zielen besteht nur ein gradueller Unterschied. Spirituelle Verwirklichung ist das höchste erreichbare Glück, deshalb hat sie auch einen überaus hohen Preis.

Dies alles sagt uns schon der gesunde Menschenverstand. Das Glück, das wir aus der äußeren Welt gewinnen, ist flüchtig; es bleibt uns nie lange. Einen Moment lang ist es da, und im nächsten Moment ist es vergangen. Mit der spirituellen Glückseligkeit ist es anders. Wenn sich der endgültige Durchbruch ereignet, das heißt, wenn ihr über die Begrenzungen von Körper, Gemüt und Intellekt hinausgeht, gibt es kein Zurück mehr. Die Glückseligkeit bleibt euch für immer, sie ist grenzenlos. Damit dies aber geschehen kann, müßt ihr den entsprechenden Preis zahlen. Es reicht nicht aus, nur mit einem Teil eurer selbst zu bezahlen, ihr müßt alles geben, was ihr seid und habt. Euer ganzes Leben ist gefordert.

Schon um ein paar materielle Dinge zu erwerben, um Karriere zu machen oder berühmt zu werden, müßt ihr große Opfer bringen. Für die erforderlichen Qualifikationen müßt ihr studieren und eine praktische Ausbildung absolvieren. Viele Leute opfern ihr Familienleben um einer höheren Position in der Gesellschaft willen oder um ihr Geschäft profitabler zu machen. Diese Ziele erfordern großen Aufwand an Zeit und Kraft. Je mehr Glück ihr genießen wollt, desto mehr müßt ihr euch anstrengen, und desto höher ist der Preis.

Wie erfolgreich ihr auch im Materiellen sein mögt, Mühe und Anspannung sind immer erforderlich, sie hören nie auf. Wenn man dagegen den höchsten Gipfel der Spiritualität erklommen hat, lösen sich alles Leid und alle Spannung. Dann seid ihr ganz und gar unabhängig und vollkommen entspannt.

Falls ihr jedoch mit bescheidener Arbeit und einem ungetrübten Familienleben in eurem Heimatort zufrieden seid, so ist das gut. Das strengt nicht so an und verzehrt viel weniger Zeit und

Energie. Ihr habt dann nicht soviel *tapas* oder Entbehrungen durchzustehen. Wenn ihr aber ehrgeizig seid und mehr verdienen wollt, weil ihr meint, das würde euch glücklicher machen, dann müßt ihr viel mehr *tapas* auf euch nehmen. Und wenn ihr gar Arzt oder Wissenschaftler im Ausland, zum Beispiel in den USA, zu werden wünscht, dann wird euch sehr viel Einsatz und Verzicht abverlangt.

Wenn man also ein wahrhaft glücklicher Mensch werden will, so ist der einzige Weg dazu spirituelles Streben mit intensivem *tapas*. Das ist ganz logisch. Schon um Besitzer eines Hauses zu werden, eines Autos, eines Grundstücks, müßt ihr einen hohen Preis zahlen und große Opfer bringen. Aber durch Spiritualität werdet ihr gleichsam Besitzer der ganzen Welt. Ihr erwerbt das Universum; es wird zu eurem Diener, und ihr werdet seine Meister. Ihr könnt euch vorstellen, wie hoch der Einsatz an *tapas* sein muß, um das ganze Universum zu erwerben, um Herr der Welt zu werden, um für alle Ewigkeit der glücklichste Mensch zu sein.

Ja, dies ist eine neue Geburt. Um wahrhaft spirituell zu werden, müßt ihr neu geboren werden, und nur wenn euer Ego stirbt, kann euer wahres Selbst geboren werden.

Wenn die äußere Schale des Samenkorns stirbt, kommt ein Keimling ans Licht. Allmählich wächst er sich zu einem schattenspendenden Baum mit einer Fülle von Blüten und Früchten aus. So muß auch unsere äußere Hülle – Körper und Ego – sterben, damit wir zum Atman, dem Selbst, werden können.

Ebenso wie eine Mutter bereit ist, um der Geburt eines Kindes willen Schmerzen zu ertragen, muß ein echter *sadhaka* (geistig Strebender) bereit sein, standhaft und mit höchster Achtsamkeit die Mühen des *tapas* auf sich zu nehmen, damit er zu einer göttlichen, schönen, duftenden Blume werden kann. Die Knospe öffnet sich, damit sich die Blüte entfalten kann, und wenn die Knospe aufbricht, so geht das nicht ohne Schmerzen ab. Jetzt gleicht euer Herz einer Knospe. Damit sie sich öffnet, sind Schmerz und Hitze des *tapas* unumgänglich. Wörtlich bedeutet *tapas* Hitze. Nur die durch *tapas* erzeugte Hitze, der Schmerz und die Sehnsucht, die daraus entstehen, können das Ego und das

Gemüt mit all seinen Gedanken und Neigungen *(vasanas)* verbrennen. Das Öffnen ist schmerzhaft, doch sobald die Herzensknospe sich geöffnet hat, sind Schönheit und Zauber der göttlichen Blume des Herzens unbeschreiblich und ewig.»

## Bleibe stets Anfänger!

Frage: «Wie bringt man es am besten zuwege, daß das Herz sich öffnet?»

Mutter: «Kannst du für immer ein Anfänger bleiben? Ein einfältiger Anfänger zu bleiben, ist der beste Weg dazu, daß das Herz sich auftut.»

Ein Brahmacharin rief aus: «Anfänger! Wie meinst du das, Amma?»

Mutter: «Ja, mein Sohn, nur wenn dir deine Unwissenheit bewußt ist, kannst du dir die Haltung eines Anfängers bewahren. Ein Anfänger ist immer unwissend, und er weiß, daß er unwissend ist. Deshalb hört er aufmerksam zu, und er bleibt offen und empfänglich. Sobald du glaubst, du wüßtest etwas, hörst du nicht mehr zu; du ziehst es vor zu sprechen. Dein Gemüt und dein Verstand sind dann nicht mehr aufnahmefähig. Du bist kein Anfänger mehr, du bist ein Wissender geworden. Tatsächlich weiß ein Wissender dieser Art aber weniger als andere, weil er völlig verschlossen ist. Er hat seine Offenheit und Empfänglichkeit eingebüßt. Obwohl er vielleicht viel weiß, besitzt er doch kein wirkliches Wissen. Wirkliche Erkenntnis ist etwas anderes als bloßes Wissen. Um zu dieser Erkenntnis zu gelangen, mußt du offen sein, mußt du ein gutgläubiger Anfänger bleiben.

Der Anfänger ist fähig, sich in Demut zu verbeugen, deshalb fließt ihm wahres Wissen zu. Ein Wissender steckt dagegen voller Informationen und neigt zum Egoismus, deshalb kann er nicht demütig sein. Wahres Wissen kann nicht in ihn eindringen. Es ist kein Platz in ihm für wahre Erkenntnis, deshalb nimmt er sie nicht auf.

Amma kann euch dazu eine Geschichte erzählen: Einmal lebte ein *Mahatma* in einem tiefen Wald. Eines Tages besuchte ihn dort ein hochgelehrter Mann. Der Gelehrte war in großer Eile und sagte zu dem *Mahatma:* ‹Verehrter Meister, könnt Ihr mir etwas über Meditation mitteilen?› Der *Mahatma* lächelte ihn an und erwiderte: ‹Warum so eilig? Setzt Euch, entspannt Euch und trinkt eine Tasse Tee. Dann sprechen wir darüber, wir haben genug Zeit.› Aber der Gelehrte war ruhelos und ungeduldig. Er sagte: ‹Warum können wir nicht jetzt gleich darüber sprechen? Sagt mir etwas über Meditation.› Der *Mahatma* bestand jedoch darauf, daß der Gelehrte sich setzen, entspannen und eine Tasse Tee trinken solle, bevor er mit der Unterweisung begann. Schließlich mußte der Gelehrte nachgeben und nahm Platz. Aber wie es die Art der Gelehrten ist, er konnte sich nicht entspannen. Er sprach innerlich fortwährend mit sich selbst. Der *Mahatma* ließ sich Zeit. Er kochte Tee und kam zu dem Gelehrten zurück, der schon ungeduldig auf ihn wartete. Der *Mahatma* reichte ihm eine Tasse und eine Untertasse und begann, ihm den Tee einzugießen. Die Tasse war bereits voll, der Tee floß über, doch der *Mahatma* hörte nicht mit dem Gießen auf. Der Gelehrte rief aus: ‹Was macht Ihr? Die Tasse ist voll! Hört auf zu gießen!› Aber der *Mahatma* fuhr damit fort. Der Tee floß in die Untertasse, und von der Untertasse tropfte er auf den Boden. Der Gelehrte rief mit lauter Stimme: ‹He, seid Ihr blind? Könnt Ihr nicht sehen, daß die Tasse voll ist und daß kein Tropfen mehr hineingeht?› Der *Mahatma* lächelte und hörte auf, den Tee einzugießen. ‹Das stimmt›, sagte er. ‹Die Tasse ist voll und kann keinen Tropfen mehr aufnehmen. Ihr wißt also, daß in eine volle Tasse kein Tropfen mehr hineinpaßt. Wie könnt Ihr dann – randvoll mit Wissen – mir zuhören, wenn ich über Meditation spreche? Das ist unmöglich. Leert zuerst Euer Gemüt, dann spreche ich mit Euch. Meditation ist eine Erfahrung, man kann sie nicht mit Worten erklären. Meditation kann nur vor sich gehen, wenn Ihr Euch von Eurem Gemüt und Euren Gedanken befreit habt.›»

Mutter fuhr fort: «Intellektuelle und Leute mit großem Wissen können nur reden und verstehen nicht zuzuhören. Zuhören kann man nur, wenn man innerlich leer ist. Nur wer sich sagt:

‹Ich bin ein Anfänger, ich bin unwissend›, kann mit Liebe und Vertrauen zuhören. Andere vermögen das nicht.

Wenn ihr beobachtet, wie sich zwei Gelehrte miteinander unterhalten, seht ihr, daß keiner von beiden dem anderen wirklich zuhört. Ihr bemerkt zwar auch, daß jeweils einer schweigt, während der andere spricht, also könntet ihr denken, sie hörten einander zu, aber in Wirklichkeit tun sie das nicht. Sie können nicht zuhören. Solange einer spricht, ist der andere wohl äußerlich still, aber er spricht innerlich, er formuliert seine eigenen Vorstellungen und Ansichten. Jeder wartet nur darauf, daß der andere zum Schluß kommt, damit er selbst anfangen kann. Auf diese Weise reden sie aneinander vorbei. Der eine spricht über dies, der andere über das. Keiner von ihnen ist ein guter Zuhörer; beide können nur reden.

## Die Kunst des Zuhörens

Wenn du ein guter Schüler sein willst, mußt du ein guter Zuhörer werden, ein Zuhörer voller Vertrauen und Liebe. Um richtig lauschen zu können, mußt du immer die Haltung eines Anfängers bewahren. Ein Anfänger ist so unvoreingenommen und aufgeschlossen wie ein Kind.»

Frage: «Amma, ich glaube, daß ich dir zuhöre, wenn du sprichst. Ich denke nicht, daß ich dabei mit mir selbst rede. Oder tue ich das?»

Mutter: «Amma sagt nicht, daß du nicht zuhörst. Du hörst zu, aber nur zum Teil. Du lauschst mit dem Gemüt. Deine Aufmerksamkeit ist nicht ungeteilt, sondern gespalten.

Wenn du zum Beispiel die Zuschauer bei einem Cricket- oder Fußballspiel beobachtest, wirst du bemerken, daß sie sich manchmal selbst vergessen. Wenn ihr Lieblingsspieler den Ball wirft oder schießt, machen auch sie merkwürdige Hand- oder Fußbewegungen, und manchmal schneiden sie seltsame Grimassen. Sie sind mit ihrem Körper dabei. Aber sie vergessen sich nicht völlig;

auch wenn sie teilweise ins Spiel vertieft sind, haben sie nicht ganz von sich abgesehen.

Wenn ein großer Musiker ein Konzert gibt, beflügelt das die Zuhörer, sie wiegen die Köpfe und klatschen den Rhythmus. Aber sie gehen nur eingeschränkt mit, sie sind nur emotional mitgerissen. Das Mitgerissensein umfaßt nicht ihre ganze Persönlichkeit.

Wenn du einem Lied zuhörst, bist du deiner selbst noch bewußt; wenn du dagegen selbst mitsingst, vergißt du dich völlig. Dein ganzes Wesen, jede Zelle deines Körpers schließt sich auf, und du empfängst das volle Maß; kein Tropfen geht verloren. Indem du den Gegenstand deiner Gedanken und Meditation in dich aufnimmst, wirst du eins mit ihm. Wenn du in dieser Weise beteiligt bist, ist dein Ich ganz und gar abwesend. Es ist, als gäbe es keinen Musiker, sondern nur sein Spiel. Der Sänger ist abwesend, nur der Gesang ist da.

Wenn Mirabai tanzte und sang, war sie mit ihrem ganzen Wesen dabei. Wenn die *gopis* von Vrindavan sich nach Krishna sehnten, taten sie es voll und ganz. Sie vergaßen sich selbst und wurden eins mit Krishna.

Erst wenn ihr mit eurem ganzen Wesen beteiligt seid, hört ihr vollkommen zu. Nur dann fließt wahres Wissen in euch ein. Wenn ihr lernt, mit eurem ganzen Sein dem Meister zu lauschen, dann seid ihr selbst abwesend. Bei dieser Art des Zuhörens könnt ihr, euer Gemüt und Ego, nicht dabei sein. Ihr identifiziert euch mit eurem Meister, mit seinem unbegrenzten Bewußtsein – und ihr werdet dieses unbegrenzte Bewußtsein.

Einmal machten Krishna und Arjuna einen Spaziergang und führten dabei ein langes, anregendes Gespräch. Schließlich sagte Krishna zu Arjuna: ‹Du sagst, daß du mich für eine Inkarnation Gottes hältst. Komm mit mir. Heute will ich dir etwas zeigen.› Sie gingen zusammen übers Land. Nach einiger Zeit blieb Krishna stehen, deutete auf einen hochgewachsenen Weinstock auf freiem Feld und fragte: ‹Was siehst du da?› Arjuna antwortete: ‹Ich sehe einen hohen Weinstock voll großer reifer Trauben.› Der Herr sagte: ‹Du irrst dich, Arjuna. Das ist kein Weinstock, und das sind keine Trauben. Schau genauer hin!› Arjuna schaute den Strauch wieder an und sah zu seinem Erstaunen, daß er keineswegs vor einem Weinstock stand. Da war Krishna, und da gab es keine Trauben, sondern unzählige Krishnas, die von Krishna herabhingen.

Wenn ihr ganz und gar teilnehmt, werdet ihr alles, denn ihr identifiziert euch mit dem ganzen Universum. Eine neue Welt tut sich vor euch auf, ein neuer Zustand, in dem ihr für immer aufgeht.

## Die drei Arten von Schülern

Die heiligen Schriften erwähnen dreierlei Arten von Schülern. Der beste und fähigste Schüler lauscht den Worten des Meisters mit seinem ganzen Wesen. Wenn der Meister ihm erklärt ‹Du bist Brahman›, erkennt er Brahman, die absolute Wirklichkeit, augenblicklich. Wie geschieht das? Er hört ganz und gar zu. Sein ganzes Wesen ist in das Zuhören einbezogen. Er lauscht mit ungeteiltem Vertrauen und bedingungsloser Liebe. Ein solcher Schüler hat einen unstillbaren Durst nach Wissen. Er saugt die Worte des Meisters ein – oder vielmehr saugt er mit seinem ganzen Wesen den Meister selbst ein. So findet der Ausspruch ‹Du bist Brahman› den direkten Weg zu seinem Herzen, und er erkennt die Wahrheit.

Ein solcher Schüler bewahrt sich die Haltung eines naiven Anfängers. Er kennt vielleicht sämtliche heiligen Schriften, bleibt aber trotzdem Anfänger mit der Einfalt eines Kindes. Weil er äußerst bescheiden ist, fließt ihm wahres Wissen zu. Das tiefste Wissen ist nur zu erlangen, wenn ihr lernt, mit eurem ganzen Wesen teilzunehmen, wenn ihr lernt, wie man sich in absoluter Demut vor aller Schöpfung verbeugt.

Ein Schüler der zweiten Art hört nur teilweise zu. Er braucht viel länger, um die Wahrheit zu erkennen. Er hört zu, aber nur emotional, nicht mit seinem ganzen Wesen. Er hört mit geteilter Aufmerksamkeit zu; sein Vertrauen und seine Liebe sind gespalten. Deshalb muß der Meister sehr geduldig mit ihm sein, damit er allmählich lernt, ganz und gar zuzuhören. Er hat noch nicht die Kunst gelernt, alles zu vergessen und mit seinem ganzen Wesen dabei zu sein. Wahres Wissen kann nur in ihn einfließen, wenn er dem Meister so intensiv lauscht, daß er sich selbst darüber vergißt. Das immer schwankende und zweifelnde Gemüt erlaubt ihm nicht, ein aufgeschlossener Anfänger zu sein und Wissen in sich einströmen zu lassen. Manchmal gelingt es ihm vielleicht, doch schon bald meldet sich das Gemüt zurück. Seine Empfänglichkeit ist wechselhaft; das Gemüt erlaubt ihm nicht, dauerhaft empfänglich zu sein. Es sollte sich überhaupt nicht einmischen und keine Fragen stellen. Nur dann hört es auf zu stören, und echtes Lauschen wird möglich. Bis dahin hört der Schüler nur teilweise zu. Ein wahrer Meister ist jedoch die Verkörperung von Geduld und Mitgefühl; er hilft ihm, das höchste Ziel zu erreichen.

Die dritte Art von Schülern ist der Verstandesmensch. Er ist innerlich so geschwätzig und so angefüllt mit Wissen aller Art, daß er überhaupt nicht zuhören kann. Ein solcher Schüler ist sehr egozentrisch, sein Denken kreist vorwiegend um das ‹Ich› und ‹Mein›. Um ihn zum Licht zu führen, braucht der Meister unendliche Geduld. Die Fähigkeit dieses Schülers zum Zuhören ist ziemlich unentwickelt, weil ihm die Haltung des aufgeschlossenen Anfängers fremd ist. Er kann nicht demütig sein, daher kann ihm wahres Wissen nicht zufließen. Selbst wenn der Meister ihm ständig wiederholt: ‹Du bist Gott. Du bist Gott... Du bist Brahman, das Absolute›, fragt sich der Schüler innerlich immerfort: ‹Wieso?›, ‹Warum?›, ‹Was?›, ‹Wann?›, denn sein Intellekt ist vollgestopft mit seinen eigenen Vorstellungen und mit Ideen aus den heiligen Schriften. Der Meister braucht unermeßliche Geduld, um Schüler dieser Art auf den rechten Weg zu bringen. Nur Gottes Diskus[2] kann die Panzerung eines solchen Schülers einen Spalt weit öffnen. Der Meister setzt schließlich

[2] Vishnu wird in der indischen Ikonographie vierarmig dargestellt, wobei er in jeder Hand ein Attribut seiner Göttlichkeit hält. Der Zauberreifen oder Diskus ist seine unfehlbare Waffe, die auch den härtesten Panzer von Unwissenheit und Trotz durchbricht.

den göttlichen Diskus wahren Wissens ein, um das Ego des Schülers aufzubrechen. Er entleert seinen Verstand, indem er ihn die schwere Bürde seines Halbwissens spüren läßt, und dann füllt er das Herz des Schülers mit wahrem Wissen und mit dem Licht und der Liebe Gottes. Dies ist eine ungeheure Arbeit, die nur ein wahrer Meister vollbringen kann.»

Mutter ist das lebende Beispiel eines Menschen, der alles ganz tut. Ihr ganzes Wesen ist beteiligt, wenn sie *darshan* gibt, wenn sie spricht oder *bhajans* singt und wenn sie gemeinsam mit allen anderen im Ashram arbeitet. Mutter ist in allem, was sie gerade tut, voll und ganz präsent. Wenn sie beim *darshan* ihre Kinder empfängt, ist sie ganz für diese da und vergißt sich selbst völlig. Mutter kümmert sich nicht um ihren eigenen Leib oder um körperliche Bequemlichkeit. Sie bietet ihren Devotees ihr ganzes Wesen dar, indem sie an ihrem Glück und ihrem Kummer, ihrem Erfolg und Mißerfolg teilhat. Sie ist vollkommen gegenwärtig, ohne die geringste Spur eines Egos und ohne in irgendeiner Weise zu urteilen.

Bei allem, was Mutter tut, ist sie mit ihrem ganzen Wesen dabei. Sie lebt vollständig in der Gegenwart. Wir sehen nur ihre äußere Gestalt, aber sie ist nicht ihr Körper, sondern reines Sein. Ihre absolute Präsenz hat eine zutiefst inspirierende Wirkung. Mutter kann nichts halbherzig tun, sie kann sich nur voll und ganz einbringen. Diese Ganzheit läßt jede Begegnung mit ihr zu einer faszinierenden, unvergeßlichen Erfahrung werden. Und diese Ganzheit verleiht allem, was sie tut, einen besonderen Zauber und besondere Schönheit. Alles wird zu einer Meditation. Mutters Lächeln, die Art, wie sie geht, ihre Stimme, ihr Blick und ihre Berührung – jede Handlung ist bei ihr bis ins kleinste vollkommen, denn sie ist *purnam*, sie ist das Ganze.

# Kapitel 5

Mutter hielt sich für einige Tage in Calicut auf. Dies war ihr erster Besuch in diesem Teil des Landes. Sie wohnte im Haus eines Devotees, wo auch der morgendliche *darshan* stattfand. Dazu kamen jeden Morgen Scharen von Devotees.

Mutter saß auf einem Bett in ihrem geräumigen Zimmer und empfing die Devotees der Reihe nach. Ihr Zimmer befand sich im ersten Stock; davor warteten die Besucher in einer langen Schlange geduldig, bis sie an die Reihe kamen. Die Schlange wand sich die ganze Treppe hinunter bis ins Erdgeschoß und setzte sich außerhalb des Hauses bis auf die Straße fort. In Mutters Zimmer meditierten einige Devotees, andere schauten sie nur fasziniert an. Die Brahmacharins sangen *bhajans*. Ein Berufsmusiker bat darum, ein selbstkomponiertes Lied über Mutter vorsingen zu dürfen, *Paravasamannen Hridayam*.

Mit tausend ruhelosen Gedanken
ist mein Gemüt beschwert.
O Mutter, laß mich nicht warten!
Nimm Dich mir in meiner Schutzlosigkeit an.

Ich stürze hilflos
in den Abgrund der See.
O Mutter,
Du bist uns seit alters vertraut,
komm bitte und stille meine Tränen.

Zahllose dunkle Gedanken
machen mich ratlos, verwirrt.
Ich quäle mich in diesem Feuermeer
und kann mich ans Ufer nur retten,
wenn ich Deine Lotosfüße schauen darf.

# Eine Vision: Mutter als Parashakti

Als das Lied verklungen war, stand eine Frau, die gerade Mutters *darshan* erhielt, plötzlich auf und begann zu tanzen und das Mantra ‹Aum Parashaktyai Namah› zu singen. Sie hob die Arme hoch über den Kopf und legte ihre Handflächen zusammen. Ihre Augen waren geschlossen, Tränen rannen ihr über die Wangen. Sie sah zutiefst glückselig aus und strahlte die Freude und heitere Gelassenheit eines Menschen aus, der in tiefe Meditation versunken ist.

In ihrer ekstatischen Freude rief sie aus: «Heute bin ich wahrhaftig glücklich! Ich habe deine heiligen Füße berührt; du hast mich gesegnet und rein gemacht. Heute habe ich *Parashakti*[3] gesehen. O Mutter, bitte geh nicht von mir!»

Einige Devotees wollten sie aus dem Zimmer tragen, aber Mutter ließ das nicht zu: «Nein, nein, es ist in Ordnung! Sie schwimmt in Glückseligkeit. Rührt sie nicht an. Laßt sie tanzen und singen!» Daraufhin gaben die Devotees ihr Vorhaben auf, und sie tanzte und sang noch eine Zeitlang selig weiter.

Später berichtete sie von ihrer Erfahrung:

«Als ich wartend vor Mutter saß, sah sie mich an und lächelte so liebevoll. Das Lächeln wirkte auf mich wie ein elektrischer Schlag, und meine sämtlichen Haare sträubten sich. Mir war, als verlöre ich mein Körperbewußtsein, und ich ließ mich vor Mutter niederfallen. Ich rief sie an und betete: ‹O Mutter, du bezaubernde Frau, schütze mich! Mutter, beschütze mich! O Parvati, heilige Gefährtin Shivas, gewähre mir Zuflucht!› Voll unendlicher Liebe und Wärme hob mich Mutter hoch, zog mich zu sich und legte meinen Kopf auf ihren Schoß. Dann hob sie meinen Kopf an und strich mir Sandelholzpaste zwischen die Augenbrauen. Diese göttliche Berührung erlebte ich als eine unbeschreiblich beglückende Erfahrung. Meine Augen waren weit geöffnet. Es kam mir vor wie ein Schweben im freien Raum. Ein ganz reales und greifbar gegenwärtiges göttliches Gefühl hatte mich voll-

[3] Die als göttliche Mutter personifizierte kosmische Energie.

kommen überflutet, und ich schwamm in einem Meer absoluter Fülle. Aber was ich vor meinen Augen sah, war ganz und gar unglaublich. Und doch war es kein Traum und keine Sinnestäuschung – ich sah es so klar und wirklich, wie ich euch jetzt sehe.»

Die Frau war äußerst aufgewühlt. Sie konnte nicht weitersprechen, die Worte blieben ihr im Hals stecken. Ihre Augen füllten sich mit Tränen, sie schien eine Verzückung zu erleben. Der Zuhörer, der begierig war zu erfahren, wie es weiterging, sagte zu ihr: «Erzähle mir bitte von deiner Vision. Was hast du gesehen?»

Irgendwie erlangte sie wieder die Herrschaft über ihre Gefühle. Sie antwortete: «Ich sah die bezaubernd schöne Devi in ihrer ganzen Pracht und Herrlichkeit mit ihren sämtlichen Waffen im Lotossitz vor mir sitzen. Diese wunderbare Vision ist mit Worten nicht zu beschreiben. Mein Herz war gefüllt von Glückseligkeit. Es gab nur noch Glückseligkeit, Glückseligkeit, Glückseligkeit. Ich versank in höchster Seligkeit.» Noch als sie von dieser Erfahrung berichtete, klang ihre Stimme trunken von Seligkeit.

Die vier Tage in Calicut waren unvergeßlich. In endlosem Strom suchten die Devotees Mutters Segen. Der *darshan* begann um halb zehn Uhr morgens und dauerte bis halb fünf Uhr nachmittags. Die abendlichen Veranstaltungen fanden meist in verschiedenen öffentlichen Gebäuden statt. Menschen aus allen Schichten und Berufen kamen, um Mutter zu begegnen: Kinder, ältere Leute, *sannyasins*, Intellektuelle, Studenten, Ärzte, Anwälte, Arbeiter, Politiker und Journalisten. Am Morgen war beim *darshan* kein Fingerbreit Platz mehr frei. Wie Mutter den Devotees *darshan* gibt, ist unbeschreiblich. Als sähen sie sich selbst im Spiegel, erblicken sie in Mutters Augen ihr eigenes Selbst. Sie fühlen, daß der Zweck ihres Lebens erfüllt ist. Und Mutter erfüllt ihre Wünsche; sie weiß, was jeder einzelne ersehnt, und in der unerschöpflichen Schatzkammer ihres unendlichen Selbst ist alles im Überfluß vorhanden.

# Ist die Religion schuld an den heutigen Konflikten?

Folgendes Gespräch mit einem Journalisten fand während Mutters Aufenthalt in Calicut statt:

Frage: «Amma, Religion und Spiritualität sollen uns den rechten Weg weisen und inneren Frieden geben. Religiöse und spirituelle Menschen sollen wie Katalysatoren Harmonie und Zusammenhalt in der Gesellschaft fördern, nicht wahr? Aber es scheint, als würden gerade diese Leute viel Verwirrung stiften, Konflikte provozieren und die Gesellschaft spalten. Hast du dafür eine Erklärung?»

Mutter: «Das liegt nicht an Religion oder Spiritualität, es liegt am menschlichen Gemüt. Die wesentlichen Grundlagen aller Religionen sind Liebe, Frieden und Harmonie. Die spirituellen Meister haben nie Selbstsucht gepredigt oder die Menschen zu Kampf und Streit aufgerufen.

Die heutigen Konflikte und Probleme im Namen der Religion beruhen auf einem Mißverständnis religiöser Prinzipien.

In unserem Zeitalter lassen sich die Menschen mehr vom Gemüt leiten als vom Herzen. Das Gemüt aber stiftet Verwirrung. Es ist der Sitz von Selbstsucht und Niedertracht, der Sitz aller unserer Zweifel, und im Intellekt wohnt das Ego. Wenn man vorwiegend im Gemüt und im Ego lebt, denkt man nur an Geld, Ansehen und Macht. Man kümmert sich nicht um andere, sondern denkt nur an sich selbst und sein Prestige. Das Herz ist ohne Gefühle. Vom Intellekt wird man zu einer egoistischen Haltung verführt, und vom Gemüt mit tausend Zweifeln, Vermutungen und Neigungen in Unruhe gehalten. Ohne Glauben, Liebe oder Mitgefühl schafft man in sich eine Hölle.

Intellektuelle wollen alles auf ihre Art auslegen; viele Menschen glauben an ihre verfälschenden Interpretationen und geraten darüber in Streit. Das ist es, was in unserer Gesellschaft geschieht. In jeder Religion gibt es Intellektuelle und solche, die auf sie hören. Die Intellektuellen legen die Lehren der heiligen Schriften und der Meister ihrer Religion aus. Arglose Gemüter fallen diesen Deutungen der Wahrheit leicht zum Opfer, und zuletzt kämpfen sie gegeneinander. Die Intellektuellen werden von ihren Anhängern als Führer und hochangesehene Ratgeber glorifiziert und vergöttert, worüber Gott selbst ganz in den Hintergrund tritt. Die Wahrheit und die wesentlichen Grundsätze der Religion sind vollkommen in Vergessenheit geraten, der eigentliche Zweck der Religion und der religiösen Gebräuche wird übersehen.

Unglücklicherweise sind die meisten religiösen Führer Intellektuelle. Das Herz allein kann uns richtig leiten, doch wir haben das Herz vergessen. Nur ein echter Meister, der ganz aus dem Herzen heraus lebt, kann Licht auf den Weg der Religion werfen. Nur eine solche Persönlichkeit kann die Menschen vereinigen; nur er kann ihnen den wahren Sinn der Religion und ihrer Prinzipien vermitteln.

Wer das versteht, kann niemals der Religion und den echten religiösen Meistern die Schuld an den Katastrophen geben, die sich heute im Namen der Religion abspielen. Schuldig sind vielmehr die intellektuellen Interpreten, nicht ihre naiven Anhänger. Die Verantwortung liegt ganz und gar bei den pseudoreligiösen Lehrern, den sogenannten Fackelträgern der Religion, denn sie führen die Menschen in die Irre. Sie wollen anderen ihre eigenen Ideen und Vorstellungen aufzwingen. Sie berauschen sich an diesen Ideen und Interpretationen, und sie wollen, daß man ihnen folgt. Ihr Ego lechzt nach Beachtung, und aus ihrer Gier nach Anerkennung bringen diese maßlos selbstsüchtigen Leute naive Gläubige dazu, sie – ihr Ego – anzubeten.

Ihre gutgläubigen Anhänger vertrauen ihren Worten und falschen Interpretationen voll und ganz. Natürlich ist das Ego viel mächtiger als das Gemüt. Das Gemüt ist seiner Natur nach schwach, zweifelnd und schwankend, wohingegen das Ego zielstrebig verfährt. Die intellektuellen Interpreten fast aller Religionen sind fest entschlossen, die Menschen für sich zu gewinnen. Mit ihrem übermächtigen Ego und ihrer Energie können sie die einfältigen Anhänger jeder Religion leicht für sich einnehmen. So unterwerfen sie sich die arglosen Gläubigen und lassen sie schließlich für sich kämpfen.

Solche Intellektuellen besitzen weder wahren Glauben noch Liebe oder Mitgefühl. Ihr Mantra ist Geld, Macht und Prestige. Beschuldigt also nicht Religion, Spiritualität oder die echten Meister, die gegenwärtigen Probleme verursacht zu haben. Der Fehler liegt keineswegs bei Religion und Spiritualität, er liegt vielmehr im menschlichen Gemüt.»

Der Journalist sah verblüfft aus. Er schwieg eine Weile und stellte dann eine weitere Frage.

## Religion und Spiritualität

Frage: «Amma, sind Spiritualität und Religion zwei verschiedene Dinge, oder sind sie eins?»

Mutter: «Spiritualität ist der Kern jeder Religion. Religion ist wie die äußere Schale einer Frucht, und Spiritualität ist die Frucht selbst, die Essenz. Genaugenommen sind sie ein und dasselbe. Spiritualität und Religion sind untrennbar, doch um die äußere Schale zu durchdringen und tief in die wahre Essenz einzutauchen, bedarf es rechter Unterscheidungskraft und eines klaren Verständnisses.

Der irrige Glaube, Religion und Spiritualität seien zwei getrennte Dinge, ist weit verbreitet, doch tatsächlich stehen sie in wechselseitiger Abhängigkeit wie Körper und Seele. Wenn du sie mit Gemüt und Intellekt (dem Ego) betrachtest und bewertest, erscheinen sie dir als verschieden, aber dringe ein wenig tiefer ein, und du wirst feststellen, daß sie eins sind.

Spiritualität gleicht den Perlen und kostbaren Schätzen, die tief am Meeresboden liegen. So liegt auch der wahre spirituelle Schatz tief im Inneren.

Die Außenseite der Religion, die religiösen Texte und heiligen Schriften, befriedigen den Intellekt, wohingegen die Spiritualität, die Innenseite der Religion, wahres Glück und inneren Frieden bringt, weil sie das Gemüt zur Ruhe führt. Die Suche beginnt immer an der Außenseite, aber sie muß ihr Ziel im Inneren finden. Durch das Studium der Veden, der Upanishaden und anderer Schriften kann man ein gewisses Maß an intellektueller Befriedigung gewinnen. Davon nährt sich das Ego, und das Gemüt bleibt weiterhin ruhelos und aufgeregt. Dies kann uns jedoch veranlassen, allmählich auf die innere Religion zuzugehen. Wenn die Suche auf der Außenseite der Religion uns nicht befriedigt, wenden wir uns nach innen – das ist Spiritualität. Das Äußere kann uns nie vollkommenes Glück schenken. Früher oder später muß man sich nach innen wenden, zum wahren Ursprung. Intellektuelle Befriedigung kann uns nie wirklich glücklich machen. Für einen Augenblick fühlt man sich vielleicht überzeugt, aber schon bald erheben sich wieder Zweifel, Fragen und Argumente.

Angenommen, du bekommst eine Kokosnuß, hast aber nie zuvor eine gesehen. Du hast gehört, daß sie ein sehr gesundes Nahrungsmittel ist und daß ihre Milch wunderbar erfrischend schmeckt. Wenn du die Kokosnuß in der Hand hältst, siehst du ihre schöne grüne Außenseite. Du meinst, die Außenseite sei die eigentliche Nuß, und beißt hinein. Aber sie ist so hart, daß dir die Zähne schmerzen und das Zahnfleisch blutet. Du willst die Kokosnuß schon wegwerfen, da bemerkt ein zufälliger Passant dein Dilemma. Er bleibt bei dir stehen und sagt: ‹Nein, nein, wirf sie nicht weg! Der Kern und die Milch sind innen. Öffne sie, dann erst kannst du sie genießen.› Dann geht er weiter. Irgendwie schaffst du es, die äußere Schale der Kokosnuß aufzubrechen. Nun siehst du ein Gestrüpp brauner Fasern und eine harte Schale. Im Glauben, die Fasern seien der Kern, beginnst du, auf ihnen zu kauen. Sie sind weicher als die äußere Schale, schmecken aber sonderbar. Die Schicht darunter ist viel härter, jeder Versuch hineinzubeißen wäre zwecklos. Du spuckst die Fasern aus und willst die Kokosnuß erneut fortwerfen. In diesem Moment kommt wieder jemand auf dich zu. Er hat deinen Kampf mit der Kokosnuß beobachtet; nun nimmt er sie und öffnet sie für dich. Du trinkst die süße, erfrischende Milch, ißt den Kern und bist vollkommen befriedigt. Zu guter Letzt ist dein Durst gelöscht und dein Hunger gestillt.

Ähnlich ist es mit Spiritualität und Religion: du nimmst die Außenseite fälschlich für das Innere. Das Äußere ist jedoch Teil des Inneren, beide Seiten sind untrennbar. Das Äußere ist Religion, das Innere Spiritualität. Anders ausgedrückt: Wie die glänzende Außenseite der Kokosnuß sieht auch der menschliche Körper schön aus. Wir halten ihn irrtümlich für die Seele, den Atman, und weil wir ihn so wichtig nehmen, wenden wir ihm unsere volle Aufmerksamkeit zu. Um sein wahres Wesen, das Selbst, kennenzulernen, muß man jedoch die Ebene des Körperlichen verlassen. Jenseits des Körpers liegt das viel feinere und kompliziertere Gemüt. Aus mangelhafter Einsicht halten viele Menschen das Gemüt für den Atman. Nun wird es schwieriger: wir müssen über das Gemüt mit seinen verwirrenden Gedanken hinausgehen. Innerhalb des Gemüts gibt es eine noch härtere Schale, sie besteht aus Intellekt und Ego mit dem Gefühl des ‹Ich› und ‹Mein›. Erst wenn diese Schale zerbricht, gelangt man zum Kern, zur wahren Essenz. Nur ein echter Meister kann dich zu diesem innersten Geheimnis des Lebens führen. Die meisten Menschen bleiben im Körperlichen oder in Gemüt und Intellekt (Ego) stecken. Nur wenn man in die Tiefe dringt und diese drei Schichten hinter sich läßt, erreicht man die Heimstatt wahren Glücks – Spiritualität, die Essenz wahrer Religion.

Wie die Außenseite der Kokosnuß kann auch die äußere Seite der Religion mit all ihrer augenfälligen Pracht sehr anziehend und verlockend sein. Wirklichen Gewinn hat man von ihr nicht, man kann sich jedoch leicht von ihr blenden lassen. Wenn man sich zu sehr ans Äußere klammert, führt das nur zu mehr Leid und zu größeren Problemen.

Leider haben die Menschen nicht den klaren Blick, die Wirklichkeit zu erkennen. Das Unwirkliche und Äußere zieht sie viel stärker an als das Wirkliche und Innere. Sie sind so befangen in ihren eigenen Vorstellungen, daß sie zu etwas anderem überhaupt keine Verbindung aufnehmen können. Wir leben mit unserer eigenen Auffassung von Religion, die von echter Religion unendlich weit entfernt ist.»

Amma hat folgende Geschichte gehört: «Als eine Gruppe ausländischer Touristen einmal übers Land fuhr, hatte ihr Bus eine Panne. Die Bewohner der Gegend boten ihnen zu essen an, doch die fremdartigen Speisen waren ihnen nicht geheuer; sie argwöhnten, das Essen könne verdorben sein, und trotz großen Hungers zögerten sie zuzugreifen. In diesem Augenblick kam ein Hund vorbei. Die Reisenden warfen ihm etwas von dem Essen zu, und er verschlang es eilig. Sie beobachteten aufmerksam, wie er reagieren würde. Dem Hund schien das Essen zu schmecken, üble Nachwirkungen waren ihm nicht anzumerken. Darauf begannen sie selbst zu essen. Am nächsten Morgen erfuhren sie, daß der Hund tot war. Das konnte nur bedeuten, daß die Speisen verdorben waren. Die Touristen erschraken. In kürzester Zeit erkrankten etliche von ihnen ernsthaft, sie zeigten die typischen Symptome einer Lebensmittelvergiftung. Schließlich fand sich ein Arzt, dem man die ganze Situation schilderte. Der Arzt stellte Nachforschungen über den Hund an, um sich zu vergewissern, woran er gestorben war. Ein Dorfbewohner konnte Auskunft geben. Er sagte: ‹Ich habe den Hund in den Straßengraben geworfen, weil ihn ein Auto überfahren hat.›

Die Wirklichkeit der Religion liegt weit jenseits menschlicher Begriffe. Die sogenannten Intellektuellen aller Religionen haben den Menschen eine selbstentworfene Religion vermittelt, eine Religion nach ihren eigenen Vorstellungen, die wenig mit wahrer Religion und deren Grundprinzipien zu tun hat. Sie führen die Leute an der Nase herum, indem sie sie anhalten, nur auf die äußerlichen und nicht auf die inneren Aspekte der Religion zu achten. Wenn die innere Einheit aller Religionen offenbar würde, verlören sie viel von ihrer Bedeutung; man schenkte ihnen keine Aufmerksamkeit mehr. Aus diesem Grund heben sie die äußerlichen Unterschiede besonders hervor. Andernfalls würde ihr Ego dahinsiechen, was sie nicht ertragen könnten. Und weil sie selbst in ihrem Intellekt befangen sind, können sie die wahren Prinzipien der Spiritualität nicht erfassen – wie vermögen sie dann andere über Spiritualität zu belehren?

Sobald die Menschen die innere Bedeutung der Religion verstehen, verlassen sie ihre falschen religiösen Führer. Sie unterstellen sich nicht länger ihrer Führung, denn nun wissen sie, daß nur jemand, der das Ego hinter sich gelassen hat, sie zum wahren Ziel des Lebens führen kann.

Spiritualität ist die Quintessenz aller echten Religion. Keine

Religion kann sich lange halten, wenn sie nicht auf spirituellen Prinzipien gründet. Eine solche Religion würde bald zugrunde gehen.

Es ist wie mit Brahman, dem Absoluten, und der Welt der Erscheinungen. Die Welt kann nicht ohne Brahman existieren, denn Brahman ist die Grundsubstanz der Welt, jedoch Brahman existiert auch ohne die Welt. So kann es auch keine Religion ohne Spiritualität geben, während Spiritualität sehr wohl ohne Religion möglich ist. Wir können es auch mit dem Körper und der Seele (Atman) vergleichen. Der Körper braucht die Seele, um zu existieren, aber die Seele existiert auch ohne den Körper. Religion und Spiritualität sind ihrem Wesen nach eins. Wenn man sie im rechten Licht und mit dem rechten Verständnis betrachtet, sind sie nicht verschieden voneinander.»

# KAPITEL 6

# Das Ende des Krishna Bhava

Am 18. Oktober 1983 kündigte Mutter an, daß sie künftig nicht mehr im Krishna Bhava *darshan* geben werde. Für viele Verehrer Krishnas war dieser Beschluß sehr schmerzlich, aber Mutter hatte natürlich ihre Gründe dafür. Sie sagte: «Amma ist im Krishna Bhava vollkommen losgelöst. In diesem Zustand empfindet sie weder Mitgefühl noch Mangel an Mitgefühl. Alles ist nur ein Spiel des Bewußtseins, nichts geht Amma nahe, nichts berührt sie. Anders im Devi Bhava: darin ist sie die allen ihren Kindern tief verbundene Mutter. Im Devi Bhava empfindet Amma nichts als Liebe und Mitgefühl.»

Mutter selbst hat mehrmals zu erkennen gegeben, daß sie die äußere wie auch die innere Mutter ist. Die äußere Mutter zeigt sich ihren Kindern zutiefst verbunden, voller Liebe und Mitgefühl, die innere Mutter steht dagegen über allen solchen Gefühlen. Mutter sagt: «Wenn Amma will, kann sie absolut unberührt und unbetroffen in diesem transzendenten Zustand verweilen, aber das würde wenig zur Aufhebung des Leidens und zum Wandel in der Gesellschaft beitragen. Deshalb wählt Amma die Rolle der liebenden, mitfühlenden Mutter.»

Mutters Entscheidung, Krishna Bhava nicht mehr zu offenbaren, sprach sich schnell unter den Brahmacharins und anderen Devotees herum. Für viele war die Nachricht ein Schock. Zwar erlebten sie Mutters göttliche Natur sowohl während ihrer besonderen gottesbewußten Zustände als auch zu jeder anderen Zeit, aber sie fühlten sich zu Ammas Krishna Bhava ganz besonders hingezogen.

In den Anfangsjahren war Mutter während des Krishna Bhava

verspielt und zu Streichen aufgelegt. Sie betrug sich zum großen Entzücken der Devotees genau wie Krishna.

Für den *Mahatma* ist die Welt ein faszinierendes Spiel. Er ist innerlich frei; das vielgestaltige, widersprüchliche Wesen der Welt berührt ihn nicht.

Wozu gibt es dieses Spiel überhaupt? Da Gott alleiniger Herrscher über die ganze Schöpfung ist, kann man sich fragen, zu welchem Zweck er dieses Spiel *(lila)* inszeniert.

Mutter sagte einmal: «Nur um sich am Spiel zu erfreuen, hat Gott das Spiel der Schöpfung ins Leben gerufen. Er ist der höchste Herrscher und die allwissende Wirklichkeit, aber das Spiel ist nur dann ein Spiel, wenn es ohne diese Autorität gespielt wird, wenn die Autorität in Vergessenheit gerät. Sobald man seine Autorität geltend macht, tritt man aus dem Spiel heraus, und es ist kein Spiel mehr.

Man kann dies auch so erklären: Die Welt erscheint uns nur deswegen real, weil wir ihr so stark verhaftet sind. Es ist unsere Bindung an die Welt, die sie uns real erscheinen läßt; in einem Zustand innerer Losgelöstheit nehmen wir sie dagegen als ein phantastisches Spiel wahr. Innere Freiheit kennt kein Autoritätsbewußtsein. Sobald ihr aufhört, an der Welt zu haften, erkennt ihr, daß alles nur ein Spiel ist, und dann könnt ihr mitspielen.»

Mutter veranschaulicht dies mit einer Geschichte: «Ein kleiner Prinz spielte einmal mit einigen Gefährten auf dem Gelände des Königsschlosses Verstecken. Der Prinz suchte eifrig nach seinen Freunden, er strahlte vor Freude und vergaß über dem Spiel alles andere. Auf der Suche nach seinen Freunden lief er eifrig hin und her, konnte aber niemanden finden. Ein Erwachsener hielt den Prinzen an und sagte: ‹Warum machst du dir so viel Mühe, deine Freunde zu finden? Sie würden sofort kommen, wenn du einfach einen königlichen Befehl aussprichst und sie zu dir rufst.› Der Prinz schaute den Erwachsenen mitleidig an, als wäre der Mann krank, und erwiderte: ‹Aber dann wäre es kein Spiel mehr, und es würde keinen Spaß mehr machen.›

Im Krishna Bhava ist Amma absolut losgelöst. In dieser Ungebundenheit ist alles ein Spiel. Im Krishna Bhava gibt es keinerlei

Autorität, im Devi Bhava nutzt Amma dagegen zum Schutz ihrer Kinder die Autorität und Allmacht der Devi.»

Ammas spielerische Stimmung im Krishna Bhava führte zu einer intensiven Bindung an Amma als Krishna, obwohl ihre eigene Ungebundenheit in diesem Zustand augenfällig war.

Es waren beglückende Augenblicke, wenn Mutter im Krishna Bhava *prasad* austeilte, indem sie den Devotees direkt aus ihrer Hand, die sie ihnen an die Lippen führte, *panchamritam*[4] zu trinken gab. Manchmal zog Mutter zum Spaß ihre Hand zurück, wenn ein Devotee gerade den Mund öffnete, um den *prasad* zu empfangen. Bei manchen Devotees, besonders bei Verehrern Krishnas, tat sie dies öfters.

Hin und wieder konnte man sehen, wie Mutter als Krishna einem Devotee im Scherz die Hände zusammenband, weil er einen Fehler begangen hatte, über den Mutter genau Bescheid wußte, ohne daß man ihr ein Wort davon gesagt hatte. Der Devotee mochte sich mit seiner Frau gezankt oder eine Anweisung Mutters nicht befolgt haben. Von sich aus hätte er wohl nichts gesagt, aber Mutter hielt es ihm dann beim *darshan* vor.

Einmal hatte ein junger Mann nach der Begegnung mit Mutter das Rauchen aufgegeben, aber in Gesellschaft seiner Freunde, die alle Raucher waren, konnte der Devotee eines Tages seinem Drang nicht widerstehen: er machte einen einzigen Zug. Daraufhin bekam er solche Gewissensbisse, daß er es nicht wieder tat. Als er das nächstemal beim Krishna Bhava zum *darshan* kam, lächelte Mutter ihn schelmisch an. Sie tat so, als hätte sie eine Zigarette zwischen den Fingern, und hob die imaginäre Zigarette an ihre Lippen. Der junge Mann war sehr verlegen und schwor Mutter, nie wieder zu rauchen.

Ein andermal hielt Mutter Acchamma, ihrer Großmutter väterlicherseits, mit einem Stück Stoff den Mund zu, weil sie zuviel schwätzte. Und einmal verband Mutter einem Devotee die Augen und ließ ihn dreimal um den Tempel gehen: er war zu oft im Kino gewesen.

---

[4] Ein süßes Getränk, das in der *puja* rituell dargereicht wird. Es besteht aus Milch, Bananen, gereinigter Butter, braunem Zucker, Kandis und Honig.

Als Krishna scherzte Mutter oft ausgelassen mit einem treuherzigen alten Mann, einem glühenden Verehrer Krishnas, der Mutter unerschütterlich vertraute. Es machte ihr immer großes Vergnügen, diesem kindlichen alten Mann Streiche zu spielen. Er hatte die Siebzig überschritten, und seine Augen waren so schwach, daß er ohne Brille nichts erkennen konnte. Immer wenn er zum *darshan* zu Mutter kam, nahm sie ihm die Brille ab, lachte lange und herzlich und gab sie ihm schließlich zurück. Wenn er seine Brille aufgesetzt und zurechtgerückt hatte, näherte er sich Mutter, um ihren Segen zu empfangen. Dann nahm Mutter ihm die Brille unversehens wieder ab. Dies wiederholte sie bisweilen mehrere Male, wobei der treuherzige Alte nur lachte. Irgendwann sagte er dann: «O Krishna, was tust du? Wie kann ich dich ohne meine Brille sehen?» und fügte hinzu: «Gut, behalte sie. Du kannst diese äußere Brille haben und mich außen alles so verschwommen sehen lassen, wie du willst, aber meinem inneren Auge und meinem Herzen entkommst du nicht. Dort bist du für immer gefangen.»

Wenn Mutter in ihrem Krishna Bhava dem alten Mann *panchamritam* zu trinken gab, dehnte sie das manchmal sehr lange aus. Der Mann sagte nie, er habe genug. Er schluckte einfach alles hinunter. Manchmal gab Mutter ihm so schnell zu trinken, daß ihm kaum Zeit zum Schlucken blieb. Wenn Amma dann sah, daß es ihm schwerfiel und er müde wurde, lachte sie fröhlich. Aber irgendwann mußte Schluß sein, und Mutter gab ihm schließlich nichts mehr. Dann protestierte er in aller Unschuld: «Warum hast du aufgehört? Ich mag das sehr gern. Ich will mehr! Gib mir alles!» Und bisweilen sagte er: «O Krishna, weißt du, daß ich die Süße deiner Hand mehr liebe als die Süße des *panchamritam*. Deshalb kann ich nicht nein sagen, wenn du mir zu trinken gibst. Süß sind deine Hände, o Herr.»

Wenn er zu Mutter zum *darshan* kam, sang der alte Mann meist das Sanskritlied *Adharam Madhuram (Madhurashthakam)*, in dem Krishna gepriesen wird.

Nektargleich sind Deine Lippen,
Dein Antlitz ist lieblich,

Deine Augen bezaubern,
und Dein Lächeln betört.
Dein Herz verströmt Liebe,
und voll Anmut ist Dein Gang.
O Herr von Mathura,
Dein ganzes Sein ist von Süße erfüllt.

Lieblich klingen Deine Worte,
köstlich sind Deine Geschichten,
schön sind die Kleider an Deinem Leib.
Deine Gesten bezaubern –
O Herr von Vrindavan:
Dein ganzes Sein ist von Süße erfüllt.

Bestrickend ist Dein Flötenspiel,
Deine Hände sind so zart,
wunderbar ist Deiner Füße Staub,
Deine Beine sind anmutig,
Dein Tanz ist liebreizend,
Deine Freundschaft ist süß.
O Herr von Mathura,
Dein ganzes Sein ist von Süße erfüllt.

Wenn Mutter am Ende des Krishna Bhava glückselig tanzte, sangen die Devotees und Brahmacharins folgende *bhajans*: *Govinda Gopala Venukrishna, Krishna Krishna Radhe Krishna, Mohana Krishna Manamohana Krishna, Murare Krishna Mukunda Krishna, Radhe Govinda Gopi* und *Shyama Sundara.*

Mutters Zustand göttlicher Identifikation mit Krishna war unsagbar liebreizend und bezaubernd. Am Ende des Krishna Bhava kam sie zum Tempeleingang, wo sie lange stehenblieb, die Devotees anschaute und ihnen zulächelte. Währenddessen sangen die Devotees in wildem Tempo Krishna *bhajans*. Langsam schritt Mutter dann aus dem Tempel auf die Veranda. Mit hocherhobenen Armen, wobei ihre Hände göttliche *mudras* (Gesten) ausführten, fing sie an zu tanzen.

Mutter tanzte ihren seligen, ekstatischen Tanz immer sanft und meditativ. Wer dies sah, wurde von Liebe und Hingabe erfüllt. Die Devotees fühlten sich nach Vrindavan versetzt, wo Krishna mit den *gopis* und *gopas* Scherz und Schabernack getrieben hatte. Hier, in diesem kleinen Fischerdorf, ließ Mutter zum Wohl der Devotees genau dieselbe Atmosphäre und dieselben Schwingungen wiedererstehen.

Die Devotees liebten Mutters Krishna Bhava ungemein, weil dies der erste göttliche Zustand war, den sie offenbart hatte. Sie hatten so viele beglückende Erinnerungen an den Krishna Bhava, daß es ihnen schwerfiel, davon Abschied zu nehmen. Sie litten sehr darunter, und man konnte ihnen den Schmerz ansehen.

Wohin man sich auch im Ashram wandte, überall konnte man hören, wie die Bewohner ihre Erfahrungen beim Krishna Bhava austauschten. Der erwähnte kindliche alte Mann hatte viele wunderbare Erlebnisse zu erzählen. Er erinnerte sich immer wieder daran, wie es mit dem Krishna Bhava angefangen hatte und wie Mutter am Meeresstrand *darshan* gab. Er beschrieb die großen Entbehrungen, die sie in jenen frühen Tagen zu erdulden hatte.

Die Devotees waren an den Tagen des Bhava *darshan* so erregt, daß die meisten von ihnen in Tränen ausbrachen, zuerst an Krishnas Schulter beim Krishna Bhava[5] und später noch einmal auf dem Schoß der Devi. Flehentlich baten sie Mutter, den Krishna Bhava weiterbestehen zu lassen, und so willigte sie zuletzt ein, sich einmal im Monat als Krishna zu zeigen. Ihr grenzenloses Mitgefühl für ihre Devotees erlaubte Mutter nicht, sich deren Bitten einfach zu verschließen. Doch zuletzt hörte sie ganz auf, Krishna Bhava zu offenbaren, allerdings erst, als die Devotees spirituell viel reifer geworden waren und sehen konnten, daß Mutter immer dieselbe ist, ganz gleich, ob im Krishna Bhava oder im Devi Bhava. Allmählich enthüllte sich den Devotees ihr unendliches Wesen in seiner ganzen Größe.

Ein Devotee, der eine besonders starke innere Beziehung zu Mutters Krishna Bhava hatte, erzählte Brahmachari Balu ein Erlebnis: «Jeden Abend stelle ich ein Glas warme Milch vor ein

---

[5] Mutter stand während des Krishna Bhava immer mit einem Fuß auf einem kleinen *peetham* (ritueller Schemel).

Bild von Mutter im Krishna Bhava. Eines Tages waren meine Frau und ich so sehr in Eile, zum Bhava *darshan* aufzubrechen, daß uns keine Zeit blieb, die Milch nach dem Kochen abkühlen zu lassen, sonst hätten wir den Bus nach Vallickavu verpaßt. So stellte ich die kochend heiße Milch vor das Bild in unserem Andachtsraum, und wir eilten zur Bushaltestelle. Als wir im Ashram ankamen, hatte der Krishna Bhava schon begonnen. Meine Frau und ich kamen zu Mutter, die sich in göttlichem Einssein mit Krishna befand. Wie ein kleines Kind blickte Krishna uns schalkhaft lächelnd an und rief aus: ‹Seht! Ich habe mir die Lippen verbrannt, als ich die heiße Milch trank!› Und glaubt mir, auf Mutters Lippen war tatsächlich eine Brandblase zu sehen.» Tränen rannen dem Devotee die Wangen herunter, als er diese Begebenheit wieder durchlebte. Seine Stimme versagte, und von Gefühlen überwältigt, konnte er nicht weitersprechen.

Im Ashram war nun eine ähnliche Situation entstanden wie bei Krishnas Weggang von Vrindavan. Aber Mutter sagt: «Dieser Körper ist manchmal Krishna und manchmal die Devi, doch Krishna und Devi wohnen immer hier in diesem verrückten Mädchen.» Diese Bemerkung enthält eine tiefe Wahrheit. Wenn Mutter, die in Wahrheit sowohl Krishna als auch Devi ist, hier mitten unter uns lebt, worüber sollten wir dann besorgt sein? Mutters vielfältige Aspekte und Erscheinungsformen sind keine verschiedenartigen, voneinander getrennten Wesenheiten; sie alle sind Manifestationen ein und derselben universalen Wirklichkeit. Und diese alleinige höchste Wirklichkeit – die Mutter, aus der alle Lebensformen entspringen – ist hier, um uns zu beschützen und zu leiten. Daher haben wir keinen Grund zu Sorge.

Die Verzweiflung der Devotees, ihr Gefühl eines schweren Verlusts währte nicht lange, denn ihre Bindung an Mutter hatte viel festere Wurzeln als jedes andere Gefühl.

Vor allem aber hat Mutter selbst uns anvertraut, daß sie mit diesen verschiedenen Aspekten des Göttlichen eins ist und daß sie diese alle, wann immer sie das wünscht, durch ihren bloßen Willen manifestieren kann. Einige Zeit nachdem sie begonnen hatte, nur noch einmal im Monat Krishna Bhava zu geben, saßen eines Tages Mutter, Nealu, Balu, Venu und Gayatri in Nealus Hütte. Im Gespräch mit Mutter äußerte Nealu: «Amma, du bist alles für mich. Du bist Krishna, Devi und alle anderen Formen des Göttlichen. Ich weiß, daß du Krishna bist und auch Radha und die Devi. Du bist in Wahrheit die Verkörperung des Brahman. Aber trotz allem sehne ich mich manchmal zutiefst danach, dich im Krishna Bhava zu sehen.»

Mutter lächelte Nealu verschmitzt an und fragte: «Nealumon (Nealu, mein Sohn), willst du Mutter wirklich im Krishna Bhava sehen?»

«Ja, das wünsche ich mir sehr», antwortete Nealu. Ohne ein weiteres Wort nahm Mutter Nealu seinen Baumwollschal ab und band ihn sich um den Kopf. Dann wandte sie sich ihm zu und sagte: «Schau!» Alle Anwesenden stellten voller Staunen fest, daß Mutter genauso aussah wie beim Krishna Bhava. Die heiligen *mudras*, die sie mit ihren Händen ausführte, ihr Gesichtsausdruck – die funkelnden Augen und ihr Lächeln[6] –, alles war wie beim Krishna Bhava.

Spontan verbeugten sich die Brahmacharins und Gayatri vor Mutter. Aber die göttliche Offenbarung währte nur wenige Sekunden, dann setzte Mutter ihr Gespräch mit Nealu fort.

Einmal wünschte sich Brahmachari Pai ein bestimmtes Bild von Mutter, das er besonders liebte. Er besaß ein paar Fotos von ihr, darunter Fotos von Mutter als Devi und als Krishna, und natürlich waren sie ihm alle lieb, aber dieses besondere Bild, das er in seiner Meditation innerlich sah, existierte noch gar nicht als Foto. Er sah Mutter in einer bestimmten Positur sitzend und hatte das starke Verlangen nach einem Foto von ihr, das sie in genau dieser Haltung, aber in ihrer normalen weißen Kleidung, mit hochgestecktem Haar und ohne Krone auf dem Devi Bhava *peetham* sitzend zeigte. Er wollte auch, daß Mutter die klassische, Schutz und Segen bekundende *abhaya mudra* ausführte.[7] Aber wie

---

[6] Im Krishna Bhava lächelte Mutter immer mit leicht nach unten gezogenen Lippen, was besonders bezaubernd wirkte.

[7] In dieser *mudra* sind die Handflächen mit zusammengelegten Fingern dem Gegenüber zugewendet. Die rechte Hand ist in Schulterhöhe erhoben, und die linke zeigt nach unten zur Hüfte.

konnte er Mutter bitten, für einen Schnappschuß zu posieren? Er eröffnete niemandem diesen Herzenswunsch.

Eines Tages hielt Pai es nicht länger aus. Er war sehr bedrückt und weinte lange. Plötzlich kam Mutter zu ihm und sagte lächelnd: «Amma kennt deinen Wunsch. Sei unbesorgt, Amma wird ihn erfüllen.» Sie forderte Pai auf mitzukommen und ging in den Tempel. Mutter setzte sich in genau der Haltung, die Pai innerlich gesehen hatte, auf den Devi Bhava *peetham*. Sobald sie Platz nahm, veränderte sich ihr Ausdruck. Sie sah nun ganz wie die Devi aus, mit allen göttlichen Zeichen, die sie normalerweise während des Devi Bhava offenbarte. Brahmachari Srikumar fotografierte, und Pais langgehegter Wunsch war erfüllt. Die Begebenheit zeigt vor allem, daß Mutter die Devi, Krishna oder jeden anderen göttlichen Zustand offenbaren kann, wann immer sie will. Dies ist nicht auf bestimmte Zeiten oder Orte beschränkt. Wann und wo sie in diesen Zustand eintreten will, ist die rechte Zeit und der rechte Ort dafür.

In der Anfangszeit des Ashrams saß Mutter auf einem besonderen *peetham*, während die wenigen im Ashram lebenden Brahmacharins das *Sri Lalita Sahasranama*, die tausend Namen der Devi, rezitierten. Bisweilen saß Mutter lieber auf dem Devi Bhava *peetham*. Oftmals trug sie auf Wunsch der Brahmacharins während dieser Rezitation der tausend Namen sogar das Devi-Kostüm mit der Krone. Die Brahmacharins saßen während dieser eineinhalb- bis zweistündigen rituellen Handlung im Halbkreis vor Mutter. Diese ganze Zeit war sie tief in *samadhi* versunken und sah dabei genau wie im Devi Bhava aus. Manchmal blieb Mutter auch noch in *samadhi*, wenn Rezitation und Ritual vorüber waren.

Zahllose Male offenbarte Mutter unmißverständlich ihre Einheit mit dem Göttlichen oder sprach ganz offen darüber. Diese Enthüllungen in Verbindung mit einigen intensiven spirituellen Erfahrungen, die den Brahmacharins und Devotees ein tieferes Verständnis von Mutters wahrem Wesen vermittelten, verhalfen ihnen zu größerer geistiger Reife und Einsicht.

Die Nacht des letzten regulären Krishna Bhava *darshan* war unvergeßlich. Alle Devotees brachen an Krishnas Schulter in Tränen aus. In jener Nacht wurden nur Krishna *bhajans* gesungen, und als die Brahmacharins schließlich keine weiteren Krishna *bhajans* mehr wußten, sangen sie sehnsuchtsvolle Lieder an die Devi und wandelten sie in Krishna *bhajans* um. Brahmachari Venu konnte während des ganzen Krishna Bhava seiner Tränen nicht Herr werden. Da er nicht in der Lage war zu singen, stand er auf und ging in den Tempel. Mutter rief ihn zu sich und ließ ihn nahe bei sich sitzen.

Eines der Lieder, die in jener Nacht gesungen wurden, *Povukayayo Kanna*, kann dem Leser einen Eindruck von dem tiefempfundenen Schmerz geben, den die Devotees durchlitten.

O Kanna, gehst Du fort?
Ich bin allein und verlassen in dieser Welt.
Willst auch Du mich verlassen?

O Kanna, ich will Dich bei mir behalten
als ein blaues Juwel
im Schrein meines Herzens,
und Dir dort huldigen
Tag für Tag.

O Kanna,
laß mich die Perlen göttlicher Liebe sammeln
aus den Tiefen des blauen Ozeans,
der Deine Gestalt ist.
Und wenn Du zu mir kommst
in der Form eines glückseligen Vögleins,
wird der trauernde Vogel meines Lebens
sich sehnen, in Dir aufzugehen,
O Kanna.

In jener Nacht hörte Mutter auf, ihren Krishna Bhava regelmäßig zu manifestieren. Aber wie schon erwähnt, zeigte sie sich bis November 1985 weiterhin zum Wohl ihrer Devotees einmal im Monat als Krishna. Dann endete die Manifestation des Krishna Bhava ganz.

Zum Abschluß dieses Kapitels wollen wir uns einige Worte Mutters in Erinnerung rufen:

«Je nach ihrem Glauben nennen die Devotees diesen Körper ‹Krishna›, ‹Shiva›, ‹Devi›, ‹Mutter› oder ‹Guru›. Amma ist nichts von alledem, und zugleich ist sie alles. Aber sie ist auch jenseits davon. Das ganze Universum befindet sich in ihr wie eine kleine Seifenblase.»

# Kapitel 7

Ein Devotee, der vier Kilometer vom Ashram entfernt wohnte, hatte Mutter zu sich nach Hause eingeladen, und Mutter hatte versprochen zu kommen.

Eines Abends gegen zehn Uhr machte sich Amma nach den abendlichen *bhajans* mit einigen Brahmacharins (Balu, Pai, Srikumar, Venu und Rao), sowie Damayantiamma, Harshan, Sathish und zwei Frauen aus der Nachbarschaft auf den Weg. Sie gingen am Strand entlang. Es war eine herrliche Nacht, am Himmel leuchtete der volle Mond, das Arabische Meer schimmerte im Mondlicht, und aus seinen Wellen ertönte der heilige Klang ‹AUM›. Ab und zu verdeckten Wolken für kurze Zeit den Mond, dann wurde es plötzlich dunkel, aber sehr bald erhellte das milchige Licht des Mondes die Erde wieder.

Die kleine Gruppe wanderte gemächlich nach Süden, das Meer zu ihrer Rechten. Anfangs sprach niemand beim Gehen. Nach etwa einem halben Kilometer trat Mutter plötzlich auf das Wasser zu, dessen Wellen den Strand bespülten. Dort blieb sie stehen und betrachtete den Horizont im Westen, während die Wellen immer aufs neue ihre heiligen Füße benetzten, als wollten sie dies so oft wie möglich wiederholen, bevor Mutter weiterginge.

## Tief und weit wie der Ozean

Am Ozean stehend, sprach Mutter leise ein paar Worte: «Der Ozean ist unendlich weit, doch er ist auch sehr tief. Ihr könnt ein wenig von seiner Weite wahrnehmen, doch seine Tiefe bleibt eurem Blick normalerweise verschlossen. Um sie zu ergründen, müßt ihr eintauchen. Für diesen Sprung benötigt ihr Selbsthingabe, Mut und Abenteuerlust.»

Danach schwieg Mutter, und die Gruppe setzte ihren Weg fort. Unterwegs fragte ein Brahmacharin: «Amma, was meintest du mit deinen Worten am Strand?»

Mutter antwortete: «Ihr könnt die Liebe, das Mitgefühl, die Selbstaufopferung und die anderen göttlichen Wesenszüge eines *Mahatma* erleben. Im Kontakt mit einer großen Seele sind diese Eigenschaften in voller Entfaltung zu beobachten. Es ist jedoch wie mit der endlosen Ausdehnung des Ozeans: ihr könnt nur ein wenig von seiner Weite erschauen. Was ihr vom Strand aus seht, ist ein verschwindender Bruchteil des Ozeans – so gut wie nichts –, und doch genügt schon dieser Bruchteil, euch seine endlose Weite ahnen zu lassen.

Der Ozean ist tief und weit. Im Inneren ist er tief, seine Oberfläche ist weit. Die Liebe und das Mitgefühl eines *Mahatma*, soweit sie uns sichtbar sind, gleichen der Weite des Ozeans. Als äußere Manifestation vermitteln sie uns eine faßliche Erfahrung dessen, was in ihm liegt. Wir können uns freilich nicht mehr vorbehaltlos öffnen wie Kinder, deshalb nehmen wir die vom *Mahatma* zu uns strömende unendliche Liebe und sein Mitgefühl nur teilweise wahr. Wir können nur einen Bruchteil seines oder ihres göttlichen Wesens erfassen. Sein Inneres, seine unermeßliche Tiefe gleicht der Tiefe des Ozeans, die uns unsichtbar bleibt. Diese Tiefe erlebt nur, wer die Oberfläche durchdringt und weiterschreitet. Man sollte erkennen, was der äußerlich offenbarten Liebe zugrunde liegt.

## Wisse um die Herrlichkeit der Tiefe!

Die äußere Erscheinung eines *Mahatma* mag anziehend und imponierend sein, es ist auch ziemlich leicht, einen äußeren Kontakt mit ihm herzustellen; in innere Verbindung mit ihm kommt man dagegen nicht so leicht. Es verhält sich wie mit dem Schwimmen und dem Tauchen: auf der Oberfläche des Meeres zu schwimmen ist schön und beglückend, aber zu tauchen kann ein noch viel großartigeres Erlebnis sein – es ist ein Abenteuer. Beim Tauchen gelangt ihr in eine ganz andere Erfahrungswelt, ihr erforscht die unbekannten und geheimnisvollen Sphären des Ozeans. Das erfordert allerdings eine größere Anstrengung, als nur auf der Oberfläche zu schwimmen. Ihr müßt den Atem anhalten und dem Ozean Ehrfurcht entgegenbringen, bevor ihr in die Tiefe taucht. So gibt sich der Schwimmer dem Ozean hin, und der Ozean offenbart ihm seine verborgenen Schätze. Bis jetzt habt ihr nur die schöne Oberfläche gesehen, ihr seid nie auf die Idee gekommen, daß es noch viel herrlichere Gebiete zu entdecken geben könnte. Je tiefer ihr taucht, desto mehr wollt ihr von den Tiefen des Ozeans sehen und erleben. Ein unstillbarer Wissensdurst läßt euch immer tiefer tauchen, bis ihr schließlich den Grund des Ozeans erreicht.

Ein *Mahatma* gleicht dem Ozean. Liebe und Mitgefühl, die er an den Tag legt, sind wunderbar; es gibt nichts Gleichartiges auf der Erde. Aber die Schönheit seines inneren Selbst entzieht sich noch viel mehr jeder Beschreibung. Um diese verborgene Schönheit zu erleben – die Herrlichkeit unauslotbarer Tiefen –, muß man über die physische Erscheinung des *Mahatma* und die äußerlichen Bekundungen von Liebe und Mitgefühl hinausgehen. Wer zum Unausdrückbaren gelangen will, muß alle Ausdrucksformen hinter sich lassen. Um durch die Oberfläche zu dringen und Distanz von der äußeren Erscheinung des *Mahatma* zu gewinnen, muß man sich ihm in völliger Demut hingeben. Es ist, als tauche man tief in den Ozean. Wenn ihr euch erst einmal ganz hingegeben habt, wird der *Mahatma* euch sein inneres Wesen offenbaren.

Die Liebe eines *Mahatma* läßt sich nicht in Worte fassen. Gewiß ist die äußerlich sichtbare und erfahrbare Liebe tief und stark, aber diese Tiefe und Stärke ist nur ein winziger Bruchteil seines wahren unbegrenzten Wesens. Über dieses Unbegrenzte kann man endlos sprechen und schreiben, ohne es je hinreichend zu verstehen, denn es reicht weiter als das Universum.

Als Verkörperung von Liebe und Mitgefühl ist der *Mahatma* so geduldig wie die Erde. Aber man kann auch sagen, daß der Zorn eines *Mahatma* ebenso groß ist wie seine Liebe, sein Mitgefühl und seine Geduld.»

Mutter sprach nicht weiter. Es war fast elf Uhr. Einige Fischer wanderten noch am Strand entlang, andere lagen hier und da schlafend auf dem Sand. Im Mondlicht waren ein paar Fischer zu sehen, die am Strand sitzend miteinander redeten. Wenn die Wolken den Mond verhüllten, konnte man nur die Glut ihrer Bidies[8] erkennen. Einige der Fischer kamen näher; sie wollten sich die kleine Gruppe genauer ansehen, die zu so später Stunde am Meer entlang wanderte. Als sie vertraute Gesichter erkannten, entfernten sie sich wortlos wieder.

Einer der Leute, die sich genähert hatten, war ein Devotee. Als er Mutter und die Brahmacharins erkannte, freute er sich sehr. «Oh, bist du es, Ammachi?» rief er aus. «Wohin gehst du so spät in der Nacht?» Er rief seiner Frau und seinen Kindern zu: «Kommt her! Seht, wer hier ist!» Die Frau und seine drei Töchter erschienen in kürzester Zeit. Sie alle waren überglücklich, Mutter und ihre Begleiter zu sehen, und luden Mutter in ihre Hütte ein. Freundlich lehnte Mutter ab: «Kinder, Amma hat sich schon verspätet. Wir sind langsam gegangen, weil wir uns über spirituelle Dinge unterhalten haben, und zwischendurch sind wir noch eine Weile am Strand stehengeblieben. Es tut Amma leid. Sie kommt ein andermal.» Der Mann wies seine Frau sanft zurecht, daß sie Mutter so unzeremoniell eingeladen hatte. Er sagte: «Was soll das? Lädt man Ammachi auf diese Weise ein? Auch wenn Ammachi anspruchslos und bescheiden ist, sollten wir sie auf traditionelle Weise einladen, nicht so wie einen Freund oder eine Nachbarin.»

Die Frau war verlegen und verteidigte sich: «Ich bin nicht zur Schule gegangen und weiß nichts von Traditionen. Ammachi versteht das, und sie wird mir gewiß verzeihen, wenn ich etwas falsch gemacht habe.»

Mutter beruhigte den Mann: «Alles ist in Ordnung, mein Sohn. Wo wahre Liebe herrscht, brauchen *acharas* (überkommene

---

[8] Billige, in ein Blatt gerollte indische Zigaretten, die gewöhnlich von den Armen geraucht werden.

Höflichkeitsformen) nicht beachtet zu werden. Ihre Einladung war gut gemeint. Es gibt keinen größeren *achara* als Liebe.»

Mutter wandte sich der Frau zu, nahm sie in die Arme und sagte: «Sei unbesorgt, meine Tochter, nimm es leicht! Amma wird euch besuchen, wenn sie Zeit hat. Aber heute kann Amma nicht kommen.»

Mutter bezeigte auch den Töchtern des Paars ihre Liebe. Als sie gerade weitergehen wollte, rief der Mann: «Ammachi, darf ich mit dir kommen?»

Mutter antwortete: «Ja, mein Sohn, natürlich darfst du mitkommen.» Ohne auch nur einen frischen Dhoti anzuziehen, folgte er Mutter.

Begleitet vom Rauschen der Brandung und einer kühlen Seebrise setzten Mutter und ihre Gruppe den Weg fort. Dabei behielt Mutter den im Mondlicht dunkelblau schimmernden Ozean im Auge.

## Vom Zorn des Mahatma

Beim Weitergehen wurde noch eine Frage gestellt: «Amma, du sagtest, der Zorn eines *Mahatma* sei so groß wie seine Geduld, seine Liebe und sein Mitgefühl. Was hast du damit gemeint?»

Mutters Blick ruhte noch eine Weile auf dem Ozean, bevor sie antwortete: «Der Zorn eines *Mahatma* gleicht dem *pralayagni*, dem Feuer der Weltauflösung. Er ist so übermächtig wie die Kraft, die diese Auflösung bewirkt. Ein *Mahatma* ist eins mit dem Unendlichen, daher hat auch sein Zorn unendliches Ausmaß. Die Intensität seines Zorns ist unvorstellbar: er hat die Kraft, die ganze Welt zu zerstören. Es ist, als würden zahllose Atombomben gleichzeitig abgeworfen, die die ganze Welt zerstören können.

Als die Mutter der Welt, die Verkörperung von Liebe und Mitgefühl, die das ganze Universum liebt und aufrechterhält, zornig wurde, verwandelte sie sich in Kali, und ihr Zorn glühte wie *pralayagni*, das Feuer der Weltauflösung. Die Welt wäre zu einer

Handvoll Asche verbrannt, wenn die Götter nicht eingegriffen hätten.

Wenn die göttliche Mutter zornig wird, strahlt ein so blendendes Licht auf, als ob Milliarden Sonnen zugleich leuchteten. Wer kann das ertragen? Nur wer ohne Ego ist und sich ganz hingegeben hat. Nur wer über das Körper-Bewußtsein hinausgegangen ist, kann der unendlichen Gewalt von Kalis Zorn standhalten. Anders gesagt: Nur reines, in sich ruhendes Bewußtsein kann sie ertragen. Der Zorn der göttlichen Mutter ist sozusagen ein wilder Sturm des Bewußtseins. Nur eine vollkommen stille Energie kann ihm die Waage halten: der am Boden liegende Shiva, auf dem Kali ihre ganze Wut austanzt.

Kalis Raserei ist *rajas* in extremer Form. Es ist die Explosion kosmischer Energie in ihrer ganzen Gewalt und Herrlichkeit. Es ist wie die Explosion von hunderttausend Atombomben. Aber auch dieser Vergleich ist unzureichend. Die Explosion dieser Energie kann nur durch reine *sattvige* Energie – durch Shiva – ausgeglichen werden.

Erinnert euch, wie zornig Rama wurde, als der Ozean sich seinen Bitten widersetzte. Um den Ozean freundlich zu stimmen, so daß er eine Brücke über ihn bauen könne, setzte sich Sri Rama an den Strand und verbrachte drei Tage ununterbrochen in strenger Askese. Er wollte den Ozean überqueren und Lanka erreichen, den Wohnsitz Ravanas, der Ramas heilige Gemahlin Sita entführt hatte. Sein Plan war, Sita mit Hilfe des von Hanuman und Sugriva geführten Affenheeres zu befreien. Aber der Ozean fügte sich nicht. Er ließ weiterhin kolossale Wellen aufsteigen und wurde noch stürmischer als zuvor.

Sri Rama war der höchste Herr selbst, der Gebieter der ganzen Schöpfung. Er hatte es nicht nötig, sich vor irgendeinem seiner Geschöpfe zu demütigen; auch nicht vor dem Ozean. Aber er verhielt sich demütig, weil er ein Beispiel setzen wollte. Das große Epos *Ramayana* berichtet jedoch, daß der Ozean darauf mit stolzer Ablehnung reagierte. Dies erzürnte Sri Rama gewaltig – womit gemeint ist, daß er dem Zorn in Erscheinung zu treten gebot. Er nahm seinen großen Bogen, legte einen Pfeil an, erhob sich in furchterregender Gestalt und sagte: ‹Ich wollte demütig und geduldig sein und die gegebenen Naturgesetze beachten. Glaube nicht, das sei Schwäche. Mit einem einzigen Pfeil kann ich dein ganzes Wasser austrocknen lassen und jedes Lebewesen in deinem Inneren vernichten. Willst du das, oder gibst du nach?› Und der Ozean fügte sich: er ließ seine Wellen abklingen.

Sri Rama, die äußerste Geduld und Versöhnlichkeit in Person, hatte sogar seiner Stiefmutter Kaikeyi verziehen, die äußerst grausam zu ihm gewesen war. Aber als er nun zornig wurde, war sein Zorn so immens wie seine Geduld. Das *Ramayana* sagt, daß Rama, als er mit Pfeil und Bogen in der Hand an der Küste stand, bereit zum Angriff auf den Ozean, wie der Todesgott aussah, wie das Feuer der Weltauflösung.»

## Der höchste Gipfel menschlicher Existenz

Mutter fuhr fort: «Selbstverwirklichung ist der höchste Gipfel menschlicher Existenz. Sie ist das Ziel jeglicher meditativer Bemühung. Jenseits dessen gibt es nichts mehr zu erreichen. Die auf ein einziges Ziel gerichtete Sammlung besitzt unbeschreibliche Intensität und Durchschlagskraft. Der selbstverwirklichte Mensch ist durch diese Kraft ins tiefste Geheimnis der Welt eingedrungen, in das Geheimnis des Brahman. Im erhabenen Zustand der Selbstverwirklichung ist er zum Meister geworden; in seinem absoluten Auf-Eins-Gerichtetsein kann er jederzeit seine Energien lenken und sich konzentrieren, worauf er will. Ein wahrer Meister verwendet seine Kräfte nie zu zerstörerischen Zwecken. Er gebraucht sie nur zum Wohle der Welt und zur Hebung des allgemeinen Bewußtseins. Vergeßt aber nicht, daß er sie auch nutzen kann, um der ganzen Menschheit eine Lehre zu erteilen. Ein selbstverwirklichter Meister ist eins mit der unbegrenzten kosmischen Energie. Er kann sie freisetzen, festhalten oder mit ihr tun, was er will. Es steht ihm frei, Energie im positiven oder negativen Sinn einzusetzen; aber selbst wenn er sie auf scheinbar negative Weise wirken läßt, dient sie doch nur zum Wohl der Welt; es geschieht lediglich, um jemandem eine Lehre zu erteilen.

Ob er diese Energie also auf positive oder negative Weise einsetzt – sie wird ihre gewünschte Wirkung nicht verfehlen. In jedem Fall ist sie unbegrenzt und unbeschreiblich. Wie die göttliche Liebe und das Mitgefühl eines *Mahatma* sich jeder Beschreibung in Worten entziehen, so übersteigt auch sein Zorn alle Vorstellungskraft. Das Wesen eines *Mahatma* ist nicht zu ermessen.»

Diese Worte erinnern an das von einem Devotee verfaßte Lied *Ananta Srishti Vahini*, in dem Mutters vielfältige göttliche Stimmungen dargestellt sind.

Sei gepriesen,
ehrwürdige Göttin,
auf der die Schöpfung ruht,
unendliche Vielfalt des Seins!
Ewig tanzt Du
den erhabenen Tanz.

Sei gepriesen,
Immer-Strahlende,
Mutter unsterblicher Seligkeit!
Du brichst unaufhörlich
das Schweigen der Nacht.

In Demut beugen wir uns Dir,
o Bhadrakali,
Göttin in schrecklicher Gestalt.
Du Quell allen Glücks
durchdringst alles Bewußtsein,
Du fühlst mit uns,
erlöst uns vom Wahn
vereinzelten Seins.
Vor Dir in Gestalt des Heiligen Dreiecks[9]

---

[9] Gemeint sind die Dreiecke des Sri Chakra *Yantra*.

verneigen wir uns demutsvoll,
o Dreiäugige,
Trägerin des Dreizacks,
mit Schädeln bekränzt.
O Bhairavi,
Du lebst an der Verbrennungsstätte
und gewährst Segen und Glück.

In Demut beugen wir uns Dir,
o Chandika,
ewig wachsende,
glühende, strahlende,
grenzenlos Mächtige.
‹Jhana, Jhana›, tönt es,
Wenn Du Dein Schwert führst.

In Demut beugen wir uns Dir,
o leuchtende Chandika,
unendlich mächtige Shankari,
Stifterin aller Yoga-Lehren,
Spenderin der Unsterblichkeit.

Mutter und ihre Begleiter erreichten ihr Ziel um Viertel nach elf. Die ganze Familie wartete freudig auf Mutter und war überglücklich, als sie eintraf. Das Haupt der Familie und seine Frau empfingen Mutter mit der traditionellen *pada puja* (rituelle Fußwaschung) und mit *arati* (Lichtopfer). Danach führten sie die Prostration zu Mutters Füßen aus. Mutter gab ihrer Liebe und herzlichen Zuneigung zu allen Familienmitgliedern Ausdruck; reine Freude breitete sich aus. Das jüngste Kind, ein gerade vierjähriger Junge, tanzte ausgelassen und sang dabei laut: «Amma ist gekommen! Oh, Amma ist in unser Haus gekommen!» Mutter rief den Jungen zu sich. Sie überhäufte ihn mit Küssen; daraufhin sah er noch glücklicher aus.

Die Andacht begann um Mitternacht und endete um zwei Uhr morgens. Nach der *puja* ging Mutter hinaus. Sie setzte sich in den zum Meer hin offenen Hof. Es herrschte tiefe Stille, nur der Ozean sang sein ewiges Lied. Mutter saß in ihrem weißen Sari im Mondlicht und wiegte sanft den Oberkörper.

Die ganze Familie und die Gruppe aus dem Ashram folgten ihr; sie setzten sich so, daß sie Mutter aus einigem Abstand sehen konnten. Niemand wollte störend in ihrer unmittelbaren Nähe sitzen, denn es war klar, daß sie sich nun in der Welt ihrer inneren Seligkeit befand.

# Die mitfühlende Mutter

Um halb drei Uhr morgens war Aufbruch. Auf dem Rückweg wurde wenig gesprochen, aber Mutter sang einige *bhajan*-Lieder.

Bei seiner Hütte wollte sich der Devotee, der Mutter vom Strand aus begleitet hatte, von ihr verabschieden. Zu seiner großen Überraschung ging Mutter jedoch auf die Hütte zu und sagte: «Amma kommt mit dir.» Der Mann stand einen Moment lang sprachlos und starr da wie eine Statue. Vor Erregung überschlug sich beinahe seine Stimme, als er sagte: «Was! Du kommst zu mir nach Haus!» Sofort lief er, so schnell er konnte, zu seiner Hütte. Er trommelte mit den Fäusten an die Tür und rief Frau und Kinder. In seiner Aufregung wußte er nicht, was er tun sollte. Er lief vor dem Haus hin und her und rief dabei immer wieder seine Frau und seine Kinder beim Namen. In kürzester Zeit war die ganze Familie hellwach. Alle waren ganz aufgeschreckt und verstanden nicht, was der Lärm zu dieser Nachtstunde bedeuten sollte. In einem Atem feuerte die Frau eine Salve von Fragen auf ihren Mann ab: «Was ist dir passiert? Warum schreist du so? Bist du nicht mit Ammachi gegangen?» Auch ein Nachbar war bei der allgemeinen Unruhe erwacht. Er rief von seiner Veranda herüber: «Was ist los, Freunde? Wollt ihr, daß ich komme?»

Inzwischen hatte Mutter den Vorhof erreicht. Der Frau des Devotees blieb vor Staunen der Mund offen, als sie Mutter lächelnd vor sich stehen sah. Auch die Kinder waren verblüfft. Zuerst brachte die Frau kein Wort heraus, dann brach sie in Tränen aus und lehnte sich an Mutters Schulter. Der Mann lag Mutter bereits weinend wie ein Kind zu Füßen. Sie hob ihn auf und legte seinen Kopf an ihre andere Schulter. Schluchzend sagte seine Frau: «Träume ich, Ammachi? O Gott, was für eine *lila* (Spiel) ist das! Du hättest mir sagen sollen, daß du auf dem Rückweg zu uns kommst, dann hätte ich alles vorbereitet und auf dich gewartet! Jetzt ist nichts im Haus. Nicht einmal die Öllampe brennt! O Amma, warum spielst du diese *lila* mit uns?»

Die Frau konnte ihre Tränen nicht zurückhalten. Mutter bemühte sich, sie zu trösten: «Meine Tochter, Amma ist kein Gast, sie ist deine Mutter. Du brauchst keine besonderen Vorbereitungen zu treffen, um sie zu empfangen. Deine Liebe zu ihr ist mehr als genug, darum mach dir keine Sorgen. Was immer du anbietest, ist wie Nektar für Mutter. Weine nicht!» Doch die Frau konnte ihre Tränen nicht bezwingen. Schließlich ergriff Mutter die Initiative, legte ihren Arm um sie und ging mit ihr ins Haus.

Die Hütte hatte zwei kleine Zimmer und eine winzige Küche. Mutter ging geradewegs in die Küche, gefolgt von der Frau, ihrem Mann und ihren drei Töchtern; die anderen warteten derweil draußen. Mutter schaute sich in der Küche um, sie blickte in die Töpfe und Pfannen, aber alles war leer. Währenddessen sagte die Frau immer wieder: «Wie schade! Es ist nichts zu essen im Haus!» Schließlich fand Mutter in einer Ecke eine Tapiokawurzel. «Ah, das ist mehr als genug!» sagte sie, nahm die Wurzel und biß hinein, als sie die Küche verließ.

Nun fügte es sich günstig, daß die zuvor besuchte Familie Harshan eine Tasche voll Ölgebäck mitgegeben hatte. Mutter nahm etwas von diesem Gebäck und begann, der Familie mit eigenen Händen zu essen zu geben. Deren Freude und Dankbarkeit kannten keine Grenzen. Mit Tränen in den Augen sang die Frau ein paar Verse aus dem *bhajan Ammayalle Entammayalle*, und bald stimmte die ganze Familie ein:

> Bist Du nicht meine Mutter?
> Meine liebe Mutter,
> die meine Tränen stillt?

O Mutter der vierzehn Sphären,
Schöpferin der Welt,
ich rief Dich ohne Unterlaß!
O Shakti,
Kommst Du nicht zu mir?

Du gibst uns mit Freuden,
was wir begehren,
o Schöpferin, Bewahrerin,
Zerstörerin der Welt,
ich rief Dich ohne Unterlaß!

Du bist Vater und Mutter,
bist unsere Erde
und alle fünf Elemente;
ich rief Dich ohne Unterlaß!

O Mutter, die alles in sich birgt:
Veden und heilige Schriften,
Vedanta und Weisheitsworte,
Anfang, Mitte und Ende,
ich rief Dich ohne Unterlaß!

Mutter blieb noch eine kurze Weile bei der Familie und kehrte dann zum Ashram zurück.

# Kapitel 8

# Besiege die Langeweile!

Ein für seine Neigung zu Zweifeln bekannter Devotee, der zu Besuch im Ashram weilte, fragte Mutter: «Amma, die meisten Menschen langweilen sich, wenn sie tagaus, tagein dieselbe Arbeit, dieselbe Tätigkeit ausführen. Deshalb wollen sie ihr Leben ändern; sie wollen eine neue Arbeit ausprobieren, andere Dinge kaufen usw. Aber du, Amma, tust jeden Tag dasselbe: du empfängst Besucher und gibst ihnen *darshan*. Langweilst du dich nie bei dieser immer gleichen Routine?»

Mutter: «Langeweile überfällt nur die Menschen, nicht Gott. Er langweilt sich nie. Ein *Mahatma* ist Gott in menschlicher Gestalt, er ruht dauerhaft im Absoluten, im Brahman. Seine Haltung und Sein Tun ist geprägt von Frische und Tatkraft. Er ist das in allem Sein und durch alles Sein leuchtende Bewußtsein; deshalb kennt er keine Langeweile.

Langeweile und Stumpfheit kommen nur auf, wenn die Empfindung der Zweiheit vorherrscht, die Trennung zwischen ‹Ich› und ‹Du›, wenn du dich für eine gesonderte Wesenheit hältst. Bist du dagegen alles, wie kannst du dich dann langweilen? Das Einssein mit dem Kosmos löscht alle derartigen Gefühle aus. Wenn du in deinem eigenen Selbst Frieden findest, vergeht die Langeweile von selbst.

Ein *Mahatma* ist wie ein See aus reinem, kristallklarem Wasser mit einem Boden aus massivem Fels, aus dem sich ein nie versiegender Quell ergießt. Sein Grund ist fest und unerschütterlich, und zugleich spendet er ständig reines, sauberes Wasser. Das Wasser strömt unendlich, es versiegt nie, und jeder darf davon trinken.

Ein *Mahatma* kennt sich als den unveränderlichen, unzerstörbaren Atman, als das Brahman oder den Grundstoff des Universums; dieses Wissen gibt ihm unerschütterliche innere Festigkeit. Er ist ein unversiegbarer Quell von Liebe und Mitgefühl.

Wenn dein Dasein auf reine Liebe gegründet ist, wie könntest du dich dann jemals langweilen? Langeweile tritt nur ein, wenn du nicht liebst. In wahrer Liebe gibt es kein Gefühl der Getrenntheit. Wer bereit ist, den Sprung zu wagen und einzutauchen, wird aufgenommen, wie er ist, ohne Klauseln und Bedingungen. Wenn du bereit bist einzutauchen, bist du willkommen. Bist du aber nicht bereit, was kann der Quell dann tun? Er bleibt, wo er ist. Er sagt nie nein. Er sagt stets ja, ja, ja . . .

## Sag ja zum Leben!

Akzeptieren bedeutet, immer zu bejahen, selbst dann, wenn alles im Leben mißlingt. Der Fluß heißt alle Geschöpfe willkommen. Die ganze Natur sagt ja; die einzige Ausnahme ist der Mensch: Er hat die Wahl, ja oder nein zu sagen. Manchmal bejaht er, doch meist sagt er nein. Er betrachtet das Leben nicht als Geschenk, sondern als Anrecht; glücklich zu sein, hält er für sein gutes Recht. Wenn du das Leben und alles, was es dir zuteil werden läßt, als kostbares Geschenk ansiehst, wirst du fähig, alles zu bejahen. Glaubst du dagegen, einen Anspruch darauf zu haben, dann kannst du nicht bejahen, sondern nur verneinen, und damit ist die falsche Richtung eingeschlagen. Wenn du das Leben und die Erfahrungen, die es mit sich bringt, ablehnst, wirst du unglücklich sein und dich langweilen. Lernst du aber, immer ja zu sagen und das Leben mit allen Erfahrungen nicht als dein Recht, sondern als Geschenk anzusehen, dann kann Langeweile nie von dir Besitz ergreifen.

Wenn du von Liebe und Mitgefühl erfüllt bist, kannst du nichts zurückweisen, sondern wirst alles annehmen. Amma kann nur ja sagen. Sie sagt niemals nein, deshalb langweilt sie sich nie. ‹Ja› bedeutet Zustimmung, und wo Zustimmung herrscht, gibt es keine Langeweile.

Das Wort ‹nein› existiert nur in der Dualität. Wenn du das Leben verneinst, bist du unglücklich und friedlos. Du lehnst dich dann gegen alles auf und lebst im Zwiespalt mit dir selbst; du fühlst dich ständig unbedeutend und unzufrieden. Warum? Weil du dir immer etwas wünschst: Geld, Prestige, ein neues Haus, ein neues Auto; die Liste läßt sich endlos fortsetzen. Das macht dich unglücklich, du langweilst dich, dein Leben verdorrt. Du klagst ständig, nichts kann dich zufriedenstellen. Wieso? Weil du dich aufs Neinsagen versteifst, weil du die Gaben des Lebens nicht annehmen und folglich nicht bejahen kannst.

Die Menschen sind ständig auf der Jagd nach irgend etwas. Das macht sie trotz ihrer Schulbildung und ihres ganzen Verstandeswissens friedlos; sie fühlen sich dem Leben nicht gewachsen. Selbst sehr reiche Leute sind unzufrieden. Auch sie langweilen sich oft und werden von zahlreichen Wünschen geplagt, weil sie unbefriedigt sind und spüren, daß ihnen etwas fehlt.

Das Leben ist ein kostbares Geschenk. Leider gebrauchen wir unsere Unterscheidungskraft nicht, um die richtige Wahl zu treffen. Wir entscheiden uns für die falschen Dinge, das macht uns unglücklich. Das Problem liegt also in uns selbst, in unserer fehlerhaften Haltung, die uns unzufrieden und gelangweilt werden läßt. Wir messen zweitrangigen Dingen zuviel Bedeutung bei und vergessen darüber völlig das Wichtigste und Dringlichste.»

Um dies zu verdeutlichen, erzählte Mutter eine Geschichte:

«Ein Mann hatte zweierlei Beschwerden: ein Augenleiden und Verdauungsprobleme. Er suchte einen Arzt auf, der ihm Augentropfen und eine Medizin für den Magen gab, mit der Anweisung, einige Tropfen ins Auge zu träufeln und zur besseren Verdauung ein paar Löffel des Magenmittels einzunehmen. Unglücklicherweise verwechselte der Patient die ärztlichen Anweisungen. Er ging heim, schluckte eine Dosis Augentropfen und träufelte sich das Magenmittel in die Augen, worauf sich seine Beschwerden noch verschlimmerten.

Ein ähnliches Durcheinander herrscht in unserem Leben. Um wahrhaft zufrieden und glücklich zu sein, müssen wir der Seele und der Selbstverwirklichung viel größere Bedeutung beimessen; der Körper dagegen sollte viel weniger beachtet werden. Aber wir haben die Prioritäten umgekehrt: Wir verwechseln die beiden Medikamente und nehmen die falsche Medizin für das falsche Leiden. Alle Energie, Fürsorge und Aufmerksamkeit, die wir der Seele zuwenden sollten, fließen statt dessen dem Körper zu, auf dessen Pflege und größtmögliche Bequemlichkeit wir uns konzentrieren. Der Seele kommt dagegen kaum eine Spur unserer Aufmerksamkeit zu, sie bleibt sich selbst überlassen. In unserer Verwirrung haben wir den Blick für die rechte Proportion verloren, daher denken und handeln wir negativ, langweilen uns und sind zutiefst unzufrieden.

Bist du im Selbst fest gegründet, dann neigst du dazu, immerfort auszuteilen. Du kannst dich nicht langweilen, wenn du ständig geben möchtest und von niemandem etwas bekommen willst. Amma will nichts als das. Sie braucht nichts, und sie erwartet von niemandem irgend etwas. Amma bejaht einfach alles, was ihr im Leben widerfährt; deshalb langweilt sie sich nie.

Nur wenn das Gefühl schwindet, ein gesondertes Wesen zu sein, kannst du ein unaufhörlich Gebender werden. Jedes Gefühl der Zweiheit muß vergehen, und das heißt: das Gemüt muß vergehen. Erst dann wirst du zu einem wahren Gebenden, der nichts zu nehmen oder zu empfangen braucht. Langeweile entsteht allein aus Selbstsucht und Egoismus. Wenn du deine Mitte im Atman gefunden hast, wenn dein Zentrum sich vom Ich zum Selbst verschoben hat, dann bist du völlig frei von Langeweile.

Radhas Liebe zu Sri Krishna erlosch nie, ebensowenig Miras Liebe zu ihrem angebeteten Giridhar. Keine der beiden erhoffte sich je einen Gewinn von ihrer Liebe. Beide waren große Gebende; sie langweilten sich nie, sie waren stets glückselig und zufrieden. Was immer ihnen geschah, ob gut oder schlecht, das hießen sie von ganzem Herzen willkommen; deshalb leben sie im Herzen des Volkes weiter. Sie wurden unsterblich, weil sie allem entsagten. Man beginnt erst dann wahrhaft zu leben, wenn man für sein Ego, sein Gemüt stirbt. Radha und Mira waren für ihr Ego gestorben. Mira sagte: ‹O mein Giridhar, du brauchst mich nicht zu lieben, aber nimm mir bitte nie das Recht, dich zu lieben.› Das war ihre Haltung. Radha und Mira waren absolut selbstlos, ihre Liebe, rein und unbefleckt vom Ego, blieb frei von eigennützigen Gedanken.

Wenn du deinem Ego lebst, deinem Gemüt gehorchst und dessen Launen und Anwandlungen nachgibst, dann bist du nicht du selbst – du bist das Gemüt. Dies ist eine Form von Verrücktheit; es ist, als wärest du tot, denn du lebst dann nur als Körper und Gemüt, ohne Bewußtsein deiner wahren Identität – des Selbst. Wenn du dich mit dem Körper identifizierst, verharrst du in Verblendung. Ist es nicht verrückt, das Unwirkliche für wahr zu halten und der Wirklichkeit etwas überzustülpen, was nicht zu ihr gehört?

Dein Gemüt mit seinem ständigen Tumult ist eine so schwere Bürde, daß es dich hinabdrückt. Das Traurige dabei ist, daß du diese Last zwar trägst, dir ihres drückenden Gewichts aber nicht bewußt bist.

In der Meinung, deine Langeweile werde durch äußere Umstände und andere Leute hervorgerufen, läufst du von einem Ort zum anderen und probierst alles Mögliche aus, bis du zuletzt nicht mehr weiter kannst. Willst du dich nicht der Bürde deines Gemüts entledigen, um dich frei und friedvoll zu fühlen? ‹Ja, das möchte ich›, antworten die meisten, doch wollen sie das, woran sie sich klammern, nicht wirklich loslassen. Sie glauben, wenn sie losließen, würden sie verletzbar und gefährdet.

Schon kleine Kinder empfinden so. Ein Kind ist ängstlich, wenn Mutter oder Vater nicht bei ihm sind. Beim Gehen halten sich Kinder immer an einem Sarizipfel ihrer Mutter oder am Hemd ihres Vaters fest – das gibt ihnen ein Gefühl von Sicherheit und Schutz. Es hält jedoch nie lange an, weil die Quelle der Geborgenheit nicht bleibt, wo sie ist. Das Kind wächst auf, und zugleich wächst sein Gefühl von Unsicherheit; es entdeckt, daß es bei den Eltern nicht wirklich geborgen ist; schließlich empfindet es die Eltern sogar als Einschränkung seiner Freiheit. Bald meint es dann, andere Dinge oder Menschen könnten ihm größere Zufriedenheit verschaffen als seine Eltern, sein Zuhause oder seine Heimatstadt. Unzufriedenheit und Langeweile gehen Hand in Hand. Deine Eltern langweilen dich, deshalb willst du fort von ihnen. Du langweilst dich in deinem Heim und in deiner Stadt, deshalb möchtest du anderswo leben. Dein altes Auto langweilt dich, deshalb willst du ein neues; deine Freundin langweilt dich, also willst du eine andere. Auf deiner Suche nach Geborgenheit und Zufriedenheit klammerst du dich immer wieder an etwas Unsicheres und findest doch nie die gesuchte Zufriedenheit. Du wirst nur immer aufs neue mit deiner Unsicherheit und Unzufriedenheit konfrontiert.

Die Unsicherheit liegt in deinem Gemüt. Das Gemüt bringt deine Langeweile und deine Ängste hervor; es ist der Ursprung aller deiner Schwierigkeiten. Befreie dich lieber vom Gemüt, statt zu versuchen, einen Gegenstand durch einen anderen zu ersetzen. Entledige dich deines Gemüts, und du wirst ein neuer Mensch, der mit frischen, offenen Augen ins Leben schaut. Solange du das Gemüt mit dir schleppst, bleibst du derselbe mit denselben alten Ängsten, derselben Unsicherheit, Langeweile und Unzufriedenheit.

Wirkliche Sicherheit im Leben ist nur im Atman (Selbst), in Gott zu finden. Der einzige Weg, sich von der Langeweile zu befreien, ist Hingabe an das Selbst, an Gott oder einen vollendeten Meister. Sei ein stiller Zeuge alles dessen, was im Leben geschieht. Du bist der ewige *Purusha*, du bist *Purnam* (Vollkommenheit). Du bist kein begrenztes Einzelwesen, sondern das Ganze. Laß all deinen Kummer, deine Langeweile und Unzufriedenheit fahren. Sei glückselig und zufrieden.»

Nach diesem Gespräch hatte niemand das Bedürfnis, etwas zu sagen. Mutters Erläuterung war so vollkommen und aufschlußreich, daß alle vorher vielleicht dringlichen Fragen nun vergessen waren. Mutter blieb mit geschlossenen Augen sitzen; auch alle anderen wurden in diese kontemplative Stimmung versetzt und folgten damit spontan ihrem Beispiel. Freudig nahmen sie die beinahe körperlich spürbare spirituelle Atmosphäre in sich auf.

Als die meditative Stimmung später allmählich schwand, bat Mutter die Brahmacharins, das Lied *Sukhamenni Tirayunna* zu singen.

Überall suchst du das Glück,
doch wie willst du es finden,
wenn du von deiner Eitelkeit nicht läßt?

Wie kannst du glücklich sein,
solange die mitfühlende Mutter der Welt
in deinem Herzen nicht leuchtet?

Wie eine Blume ohne Duft
ist das Gemüt,
das Shakti,
die höchste Herrscherin,
nicht liebt und ehrt.

Solch ein Gemüt
treibt hilflos im Leid,
wie ein Blatt in den Wellen
der stürmischen See.

Laß dich nicht packen
von den Krallen des Schicksals.
Verehre in Abgeschiedenheit das Selbst,
entsage den Früchten deines Tuns,
huldige dem universalen Selbst
im Lotos deines Herzens.

# Kapitel 9

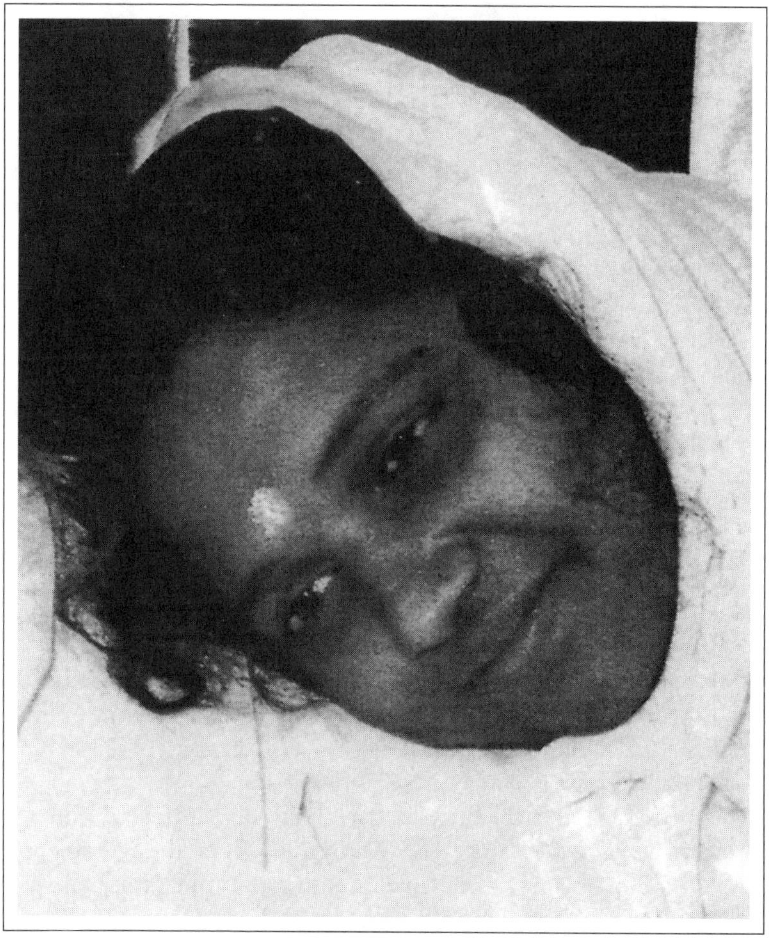

# Unbegreifliche Mutter

Selbst ihr sehr nahestehende Personen empfinden Mutter seit jeher als rätselhaft. Für den Autor persönlich hat sie auch nach langjähriger enger Verbindung mit ihr etwas Undurchdringliches an sich, das seine Fassungskraft weit übersteigt.

Die ersten Brahmacharins, die zu Mutter kamen, fragten sich immer: ‹Wie können wir Mutter verstehen? Wie sollen wir wissen, was sie wünscht, so daß wir uns danach richten und ihr entsprechend dienen können?› Bisweilen bekamen sie Schwierigkeiten, weil sie Mutter nicht verstanden.

Zahllose Male wurden sie mit Mutters rätselhaftem Wesen konfrontiert. Es ist leicht, das Wesen eines Menschen zu erfassen, mit dem wir ein paar Wochen oder Monate in enger Gemeinschaft leben. Aber selbst nach fast zwanzig Jahren ist Mutter für die ersten Brahmacharins und für alle anderen, die ihr nahegekommen sind, noch immer eine gänzlich Unbekannte. Gayatri, heute Swamini Amritaprana, die Mutter zwei Jahrzehnte lang gedient hat, stellte einmal fest: «Es ist ein Phänomen: selbst die Unendlichkeit ist leichter faßbar als Mutter!»

Einmal befand sich Brahmachari Balu in Mutters Zimmer, Gayatri war ebenfalls anwesend. Mutter ließ Balu ihre tiefe Liebe und Zuneigung spüren. Sie sprach ausführlich mit ihm, befreite ihn von seinen Zweifeln und antwortete auf alle seine Fragen. Sie gab ihm sogar mit eigenen Händen zu essen. Er fühlte sich von Mutters Liebe, von Freude und Glückseligkeit erfüllt. Doch plötzlich wandte sie sich um und forderte ihn auf, das Zimmer zu verlassen. Keine Spur von Liebe war mehr auf ihrem Gesicht zu erkennen, sie schien unendlich weit enfernt. Dieser abrupte

Wandel schockierte ihn, er war zutiefst verwirrt. Zuerst dachte er, Mutter scherze, aber bald erkannte er, daß sie es völlig ernst meinte. Er wollte nach dem Grund fragen, weil er nicht verstand, was vor sich ging, wagte es jedoch nicht, weil Mutters Worte und ihr abweisender Gesichtsausdruck ihn einschüchterten. Ihr plötzlicher Stimmungswandel wirkte wie ein Felsbrocken, der in das stille, friedliche Wasser eines Sees stürzt; es war, als zerfiele ein herrliches Schloß gerade in dem Augenblick in Stücke, da seine Schönheit bewundernd anerkannt wird.

Balu schwieg und blieb wie erstarrt im Zimmer stehen. Er war kaum imstande, sich zu rühren, als er Mutter wiederholen hörte: «Hinaus! Ich will allein sein! Warum gehst du nicht endlich?» Gebrochen und schweren Herzens verließ Balu langsam das Zimmer. Sobald er die Schwelle überschritten hatte, warf Mutter hinter ihm die Tür zu. Der Knall traf Balu wie ein unerträglich harter Schlag ins Herz.

Auch nachdem er Mutters Zimmer verlassen hatte, brachte Balu es nicht über sich fortzugehen. Er war Mutter so tief verbunden, daß er sich vor die verschlossene Tür setzte und weinte wie ein verlassenes Kind.

Er dachte: «Dies kann nur eine Prüfung meines Glaubens und meiner Geduld sein. Natürlich bläht man sich ein bißchen auf, wenn man eine Zeitlang nahe bei Mutter sein darf. Das Ego denkt: ‹Ich muß etwas ganz Besonderes sein, sonst würde Mutter mich nicht so lange in ihrer Nähe dulden.› Dann schleudert sie einen Donnerkeil auf dich. Leider denkt das Gemüt nie: ‹Wie glücklich und gesegnet ich bin, Mutter so lange nahe sein zu dürfen.› Gemüt und Ego können nur negativ denken, voll Selbstsucht und Stolz. Wenn Mutter uns dann unerwartet angreift, zerschmettert das den Stolz. Wäre da nicht dieser Stolz, sondern nur das gute, positive Gefühl, von der gnädigen Mutter gesegnet zu sein, dann könnten Traurigkeit und Verwirrung gar nicht entstehen. Schmerz und Trübsal kommen auf, wenn die Rolle des Egos in Frage gestellt wird. Wenn ich nicht selbstgefällig wäre und mich für etwas Besonderes hielte, weil ich so viel mit Mutter zusammen bin und mir ein Anrecht darauf anmaße, bei ihr zu sein, dann gäbe es keine Traurigkeit. Was könnte mich betrüben oder aus dem Gleichgewicht bringen, wenn ich ganz demütig wäre?»

Wenige Minuten später hörte er, daß die Tür geöffnet wurde. Er blickte auf und sah zu seiner Überraschung Mutter mit strahlendem Lächeln neben sich stehen. Ihre Stimmung war wieder so wie zuvor, ehe sie Balu aus dem Zimmer gewiesen hatte. Als sei nichts geschehen, sagte sie nun zu ihm: «Komm herein, mein Sohn. Was ist denn mit dir? Warum weinst du?» Balu traute kaum seinen Ohren. Er brauchte einige Minuten, um zu erfassen, wie ihm geschah. Während er dastand und sich über all dies Befremdliche wunderte, hörte er Mutter wieder sagen: «Komm herein, mein Sohn. Was ist los? Warum weinst du?» Diese Worte erfrischten sein Herz wie ein Regenschauer den Chataka-Vogel[10]. Sein ganzer Kummer schmolz dahin wie Eis unter glühender Sonne. Mutters Mitgefühl rührte ihn so sehr, daß ihm wieder die Tränen kamen. Aber er konnte nicht umhin, sich über den scheinbaren Widerspruch in Mutters Wesen zu wundern. Zuerst war sie so liebevoll und gütig gewesen, dann wurde sie plötzlich ohne erkennbaren Grund ganz kalt und fremd. Was war geschehen? Er begriff es einfach nicht. Kurz darauf fragte er: «Mutter, ich kann dich nicht verstehen und daher auch nicht immer in deinem Sinn handeln. Das ist mein größter Kummer. Wie soll ich dich begreifen?»

Mutter erwiderte lächelnd: «Um mich zu verstehen, mußt du ich werden.»

Es war, als hätte Balu gefragt, wie er die Unendlichkeit verstehen solle. «Solange du nicht zur Unendlichkeit wirst, kannst du die Unendlichkeit nicht begreifen», hätte die Antwort gelautet.

Dies ist nur ein kleines Beispiel. Es gab zahllose Begebenheiten dieser Art.

---

[10] Es heißt, daß der Chataka (Nashornvogel) nichts anderes trinkt als Regentropfen; anderes Wasser schmeckt ihm nicht. Wenn kein Regen fällt, dürstet der Chataka-Vogel und ist traurig.

# Mutters Krankheit

Eines Morgens fand man Mutter ernstlich krank vor. Sie war so schwach, daß sie sich nicht aus ihrem Bett erheben konnte. Es war Sonntag, und Hunderte warteten auf ihren Morgen-*darshan*. Mutter klagte über Atembeschwerden und quälende Schmerzen im ganzen Leib (wie sie bisweilen eintreten, wenn Mutter die Krankheiten der Devotees auf sich nimmt). Sie wälzte sich vor Schmerzen hin und her. Das Bett war dafür jedoch zu schmal, deshalb wollte Mutter lieber auf dem nackten Boden liegen. Gayatri und die Brahmacharins fürchteten, der kalte Boden werde ihre Schmerzen noch verschlimmern, deshalb breiteten sie eine dicke Decke darauf aus. Mutter wollte jedoch keine Decke, also nahm Gayatri sie wieder fort und half Mutter dann, sich auf den harten Boden zu legen. Dort begann Mutter unter Stöhnen hin und her zu rollen; es war offensichtlich, daß sie Höllenqualen litt. Die Brahmacharins beschlossen, Morgen-*darshan* und Devi Bhava diesmal ausfallen zu lassen. Sie teilten Mutter dies mit, worauf sie aber nicht reagierte. In der Meinung, ihr Schweigen bedeute Zustimmung, stellten sie vor dem Ashram ein Schild auf, das Morgen-*darshan* und Devi Bhava für abgesagt erklärte. Ein Brahmacharin ging nach unten und überbrachte den in der *darshan*-Hütte auf Mutter wartenden Devotees die enttäuschende Nachricht.

Inzwischen war es kurz nach halb zehn, und Mutter lag immer noch auf dem Boden. Ihr Zustand hatte sich zur allgemeinen Besorgnis noch nicht im geringsten gebessert. Gayatri und Damayantiamma massierten Mutter die Beine, während eine Brahmacharini ihr eine Wärmflasche auf die Brust hielt. Alle Augen blickten gebannt auf Mutter. Unversehens sprang sie auf und wollte wissen, wieviel Uhr es sei. Erstaunt fragten die Schüler wie im Chor zurück: «Wieso, Mutter? Warum willst du die Zeit wissen?»

«Wie könnt ihr das fragen?» entgegnete Mutter, als sei nichts geschehen und als sei sie nie krank gewesen. «Wißt ihr denn nicht, daß heute Sonntag ist? Die Devotees warten gewiß unten auf den *darshan*. Wie spät ist es?» fragte sie erneut und blickte sich nach der Uhr um. Als sie sah, wie spät es war, rief sie aus: «O Shivane! Es ist fast Viertel vor zehn!» Schon stand sie auf ihren Füßen. Brahmachari Nealu protestierte: «Aber Amma, wir haben doch schon angesagt, daß es heute keinen *darshan* gibt, die Devotees wissen Bescheid; sie brechen allmählich auf. Du brauchst mindestens einen Tag Ruhe.» Mutter sah Nealu streng an und sagte: «Wie bitte? Du hast verkündet, es gebe heute keinen *darshan?* Hast du das wirklich getan? Wer hat dir gesagt, Amma sei krank? Amma ist nicht krank! So etwas hat es noch nie gegeben! Amma wundert sich, daß du nach so langen Jahren bei ihr noch immer kein Mitgefühl für andere hast. Wie konnte es dir in den Sinn kommen, die Devotees fortzuschicken?» Sofort sandte sie Brahmachari Pai hinunter, um bekanntzumachen, daß Mutter wie üblich *darshan* geben werde, worauf die Devotees hocherfreut in die Hütte zurückeilten.

Inzwischen sah Mutter wieder ganz normal aus: Keine Spur von Krankheit oder Schmerz war mehr zu erkennen. Sie tadelte die Brahmacharins: «Ihr versteht die Gefühle der Devotees nicht. Manche von ihnen haben lange darauf gewartet und sich gefreut, Amma zu sehen. Einige mußten sich Geld leihen oder ihre Ohrringe verkaufen, um zu Amma zu kommen. Viele sparen von ihrem ärmlichen Verdienst mit Mühe und Not zehn Paisa am Tag, damit sie einmal im Monat mit dem Bus den Ashram besuchen können. Euch fällt es leicht, sie wegzuschicken und ihnen zu sagen, es gebe heute keinen *darshan*, aber denkt auch an den bitteren Schmerz der Devotees, wenn sie Amma nicht sehen können. Denkt an alle Mühe, die sie auf sich genommen haben, um hierherzukommen; denkt an ihre Enttäuschung. Die meisten Devotees treffen keine größeren Entscheidungen im Leben, ohne zunächst Amma um Rat zu fragen. Wer heute hier ist, braucht heute eine Antwort. Es gibt Dinge, die sich nicht verschieben lassen. Wie leichthin ihr beschlossen habt, den *darshan* heute ausfallen zu lassen! Bemüht euch, die Probleme anderer zu verstehen und ihre Sorgen mitzuempfinden.»

Nealu sagte besorgt: «Was werden die Leute über uns denken? Sie denken bestimmt, wir Brahmacharins hätten den *darshan* auf eigene Faust abgesagt.»

Wieder sah Mutter Nealu mißbilligend an und erwiderte: «Nealu, ist es dir immer noch wichtig, was die Leute von dir denken? Du fürchtest dich also vor anderen und ihren negativen Gefühlen. Kannst du nicht begreifen, daß alles geschah, wie Amma es wünschte? Kannst du deinen Meister so wenig verstehen? Die Sorge, was andere über dich denken könnten, entstammt dem Ego. Das Ego will gut angesehen sein: niemand soll dich geringschätzen oder kritisieren. Das bereitet dir viel größere Sorge als Ammas Gesundheit. Ein Mensch, der sich hingegeben hat, würde nie so denken. Wenn du dich erst einmal wirklich hingegeben hast, dann denkst du nicht mehr an dich oder daran, welche Meinung andere von dir haben mögen. Du mußt lernen, dein Ego hinzugeben.»

Als Mutter nicht weitersprach, bat Gayatri alle Anwesenden, das Zimmer zu verlassen, damit Mutter sich für den *darshan* fertigmachen könne.

## Nur ein Fremder kann das Gemüt heilen

Zwanzig Minuten später betrat Mutter die *darshan*-Hütte und begann, die Devotees zu empfangen. Sie sah fröhlich, munter und völlig gesund aus.

Einmal fragten die Brahmacharins Mutter, wie sie ihre verwirrenden Stimmungswandlungen verstehen sollten und warum sie sich manchmal so seltsam verhalte.

Mutter antwortete: «Nur eurem seltsamen und rastlosen Gemüt kommt Mutters Verhalten seltsam vor. Ihr findet es seltsam, weil ihr bestimmte vorgefaßte Meinungen über das Verhalten habt. Lebensumstände und Erziehung haben euch gewisse Vorstellungen und Gewohnheiten aufgeprägt, die euch manche Verhaltensweisen als befremdend, andere als normal erscheinen lassen. Befremdetsein und Normalität sind jedoch nur eure eigenen Konzepte, eure persönliche Auffassung. Ihr wollt, daß Amma sich so benimmt und ausdrückt, wie es der Prägung eures Gemüts entspricht.

Ihr habt bestimmte Ideen über das Leben, die ihr für richtig haltet, aber sie unterscheiden sich zwangsläufig von den Ideen anderer. Jeder hat seine eigenen Vorstellungen, Gedanken und Gefühle; jeder meint, er habe recht und alle anderen hätten unrecht. Alle folgen diesem Muster. Jedes Gemüt hat sich seine eigenen Konzepte zurechtgelegt und erwartet von Amma, daß sie sich diesem Rahmen einfügt.

Es stimmt, daß Amma alle Devotees zufriedenzustellen sucht, die ihre Sorgen, ihr Leid und ihre Angst bei ihr abladen wollen. Ihr habt gewiß beobachtet, wie sie ihnen die Befangenheit nimmt, so daß sie sich in ihrer Gegenwart öffnen. Je mehr sie das tun, desto intensiver kann Amma an ihnen arbeiten. Amma würde gern ihr ganzes Leben dafür opfern, andere glücklich zu machen, aber sie glaubt nicht, daß sie euch, die ihr euch ganz dem Streben nach Gotterkenntnis widmen wollt, genau so behandeln sollte. Euer Gemüt muß wieder und wieder durchgeschüttelt werden, damit es reiner als das Reinste werden kann – so daß euer wahres Sein, der Atman, erkennbar hindurchscheint. Anders gesagt: ihr müßt euch des Gemüts entledigen, was allerdings nicht leicht ist. Das Gemüt läßt sich nicht einfach wegschieben, es löst sich erst in der durch *tapas* erzeugten Hitze auf. Diese Hitze entsteht durch das Zusammenwirken der disziplinierenden Hinweise des Meisters, eurer Liebe zu ihm und eurer innigen Verbundenheit mit ihm.

Gemüt und Intellekt können den Meister nicht begreifen, deshalb erscheint er euch seltsam und widersprüchlich. Ihr müßt aber wissen, daß nur euer Gemüt ihn so beurteilt.

In der durch *tapas* erzeugten Hitze schmilzt das Gemüt mit allen seinen Urteilen und Prägungen; dann beginnt ihr, aus dem Herzen zu leben. Damit das geschehen kann, muß der Schüler jedoch enorme Geduld aufbringen.

Ein wahrer Meister opfert sein ganzes Leben für die spirituelle Entwicklung seiner Schüler, Devotees und der ganzen Menschheit. Es muß aber auch von der anderen Seite her ein gewisses Maß an Verbindlichkeit geben. Seid geduldig, und ihr werdet von einem wahren Meister alles bekommen!

Bemüht euch nicht, den Meister mit dem Intellekt zu beurteilen, denn ihr könnt ihn nur gründlich mißverstehen. Ihr lebt im Gemüt, ihr habt übermächtige Gewohnheiten und Neigungen, daher könnt ihr das Rätsel der ‹befremdlichen Stimmungen› des Meisters nur durch Vernunft und Logik zu lösen versuchen. Ihr werdet ihn jedoch so lange nicht begreifen, bis euch schließlich aufgeht, daß der Meister mit Gemüt und Intellekt nicht zu erfassen ist. Dann erkennt ihr, daß der Zugang allein im Glauben und Vertrauen liegt. Nur durch Hingabe und kindliche Offenheit kann man ihn wirklich kennenlernen.

In dem Versuch, den Meister verstandesmäßig zu begreifen, erschöpft sich euer Gemüt allmählich. Ihr werdet einsehen, daß eure Bemühungen, sein unendliches Wesen intellektuell zu erfassen, vergebens sind. Zuletzt werdet ihr euch öffnen, und dann seid ihr auf einmal empfänglich. Dieser Vorgang bedarf des *tapas:* Eure Liebe und tiefe Bindung an den Meister in seiner körperlichen Gestalt bringen die erforderliche Hitze hervor.

Ihr mögt Mutter merkwürdig finden, aber sie kommt nur eurem Gemüt so vor. Die Identifikation mit dem Gemüt läßt in euch ein Gefühl der Befremdung entstehen. Je mehr ihr euch jedoch in tiefer Liebe der Disziplinierung durch den Meister unterwerft, desto klarer wedet ihr erkennen, daß nicht der Meister, sondern euer eigenes Gemüt das Befremdliche ist.

Das Gemüt ist ein Außenseiter, ein Fremdling in eurem wahren Zuhause, dem Selbst. Als Fremdkörper ruft es eine Art Juckreiz hervor: seine Wünsche jucken. Es gleicht dem Bedürfnis, an einer juckenden Wunde zu kratzen. Das Kratzen verschafft momentane Erleichterung, deshalb fährt man damit fort, bis die Wunde und ihre ganze Umgebung rot und entzündet sind, und dann schmerzt es noch mehr.

Das von Wünschen und Emotionen erfüllte Gemüt ruft ein ähnliches Jucken hervor. Ihr kratzt also immer weiter, bis schließlich euer ganzes Leben eine große, eitrige Wunde wird. Der ganze Eiter muß aus der Wunde gedrückt werden, erst dann kann sie heilen. Amma hat die Pflicht, die Wunde zu behandeln und den Eiter herauszudrücken. Auf diese Weise zeigt sie euch ihr Mitgefühl, doch ihr findet das seltsam. Diese Reaktion kümmert Amma allerdings nicht weiter, denn sie beruht allein auf eurem Mangel an Verständnis. Ihr würdet Amma als normal bezeichnen, wenn sie nur eure Wunde ein wenig kühlte und euch erlaubte, weiter an ihr zu kratzen. Ihr habt die Wahl: Wollt ihr nur den Juckreiz lindern, aber nicht die Wunde heilen, so ist Mutter das auch recht, aber später habt ihr dann viel zu leiden.

Angenommen, ihr sucht einen Arzt auf, um eine Wunde behandeln zu lassen. Er gibt euch vielleicht eine Spritze, die euch noch heftigere Beschwerden bereitet als vorher. Die Wunde kann eitern und unerträglich schmerzen. Ihr fragt den Arzt: ‹Warum tut es mir trotz Eurer Behandlung so weh?›, worauf der Arzt lächelnd erwidert: ‹Keine Sorge! Die Spritze soll nur den ganzen Eiter herausbringen. Er muß heraus.› Der Arzt ist mit eurem Zustand zufrieden, denn dieser zeigt ihm, daß die Behandlung wirkt. Ihr aber findet es seltsam, daß der Arzt zufrieden ist. Ihr könnt ihm nicht vorwerfen, er verstehe zu wenig von seiner Sache; er weiß, was er tut, und es ist seine Pflicht, das Beste für euch zu tun. Urteilt nicht über den Arzt, denn höchstwahrscheinlich würdet ihr ihn in eurer Unkenntnis falsch beurteilen. Er heilt die Wunde, doch das geht nicht ohne Schmerzen ab. Dieser Schmerz dient dazu, allem Schmerz ein Ende zu bereiten. Wenn ihr selbst keine Ärzte seid und von medizinischer Behandlung nichts versteht, dann gehören eure Vorstellungen von Wundbehandlung einzig und allein eurem Gemüt an.

In gleicher Weise wirkt ein wahrer Meister. Eure Verwirrung und euer Schmerz sind Folge der spirituellen Medizin, die er euch verabreicht hat, um den Eiter alter Wunden herauszubringen.

Äußerliche Verletzungen und Wunden sind nicht weiter schlimm. Sie heilen bald ab, sofern sie richtig behandelt werden. Die inneren Wunden sind dagegen viel ernster. Sie können euer ganzes Leben zerstören, weil ihr nichts über sie wißt. Solche Wunden kann ein gewöhnlicher Arzt nicht behandeln. Es sind tiefe, uralte Verletzungen, die eines allwissenden göttlichen Heilers bedürfen, eines echten Meisters, dem alle eure früheren Leben offenliegen und der weiß, wie man innere Wunden behandelt und kuriert.»

Frage: «Amma, du hast das Gemüt mit einem Fremdkörper verglichen. Wieso ist es fremd? Könntest du das erläutern?»

Mutter: «Immer wenn ein fremdes Element in unser Leben tritt, versuchen wir es mit allen Mitteln hinauszuwerfen. Wenn uns zum Beispiel ein Staubkörnchen ins Auge fliegt, wollen wir es beseitigen. Warum? Weil es nicht ins Auge gehört; es ist für uns ein Fremdkörper. Wie ist es bei einer Krankheit? Auch wenn es sich nur um Kopf- oder Magenschmerzen handelt, wollen wir sie loswerden, denn sie gehören nicht zu uns. Der Körper will sie abstoßen, weil sie nicht unserer Natur entsprechen. So ist auch das Gemüt ein Fremdkörper, ein absoluter Fremdling, von dem wir uns befreien müssen.

Alle Menschen wollen glücklich und in Frieden leben, daran besteht kein Zweifel. Um aber echten Frieden und wahres Glück zu erlangen, muß man über das Gemüt und dessen Wünsche hinausgehen. Das Gemüt ruft Kummer und Juckreiz hervor; das Gemüt ist wie eine Wunde: Jedesmal wenn ein Wunsch aufkommt, spürt ihr das Jucken dieser Wunde. Den Wunsch zu erfüllen, das ist wie an der Wunde zu kratzen und dadurch den Juckreiz für einen Augenblick zu stillen. Ihr wißt jedoch nicht, daß den Wünschen nachzugeben bedeutet, die Wunde des Gemüts noch zu vertiefen: sie infiziert sich immer mehr. Doch das Gemüt hört nie auf, zu fordern und zu wünschen, und ihr werdet diese Wünsche immer weiter erfüllen. Es ist wie ein endloses Kratzen an der Wunde des Gemüts, das sie nur immer weiter vergrößert.

Wenn ihr euch Staub in die Augen reibt, anstatt ihn daraus zu entfernen, nehmen Schmerz und Entzündung nur zu. Beseitigt den Staub, und es wird wieder gut sein. Das Gemüt ist wie Staub im Auge, ein Fremdkörper. Lernt, euch vom Gemüt zu befreien. Nur so könnt ihr Glück und Vollkommenheit erreichen.

Glücklich und zufrieden zu sein, ist das Ziel aller Menschen, doch wählen sie den falschen Weg dahin. Fast jeder spürt, daß er nicht wahrhaft glücklich und zufrieden ist. Etwas fehlt im Leben, und diesen Mangel versucht man durch Erwerb und Besitz auszugleichen. Das wirkliche Problem liegt im Gemüt: es ist ein Fremdkörper und muß beseitigt werden. Aber wer bringt das fertig? Nur ein eurem Gemüt absolut Fremder kann es beseitigen. Dieser Fremdling ist der Meister. Der *Mahatma*, der vollkommene

Meister, ist für euer Gemüt vielleicht unfaßbar, doch kennt er dessen seltsame Wege ganz genau. Er ist Herr über alle Gemüter, aber eurem Gemüt erscheint er äußerst fremd.

Solange euer Gemüt besteht, werdet ihr die Wege des *Mahatma* befremdlich finden, doch wenn ihr langsam Herrschaft über Gemüt und Gedanken gewinnt, erkennt ihr, daß der *Mahatma* überhaupt nichts Befremdliches an sich hatte – befremdlich war nur euer Gemüt.

Wie Amma schon sagte, muß euer Gemüt aufgewühlt und durchgeschüttelt werden. Nur eine fremde Person, die ihre Gemütsstimmungen gemeistert hat, weiß, wie das zu tun ist. Durchschnittsmenschen mit üblicher Gemütsverfassung sind euch vertraut; auch von ihnen wird euer Gemüt manchmal durchgeschüttelt, allerdings nur oberflächlich und unzureichend. Euer Gemüt muß jedoch bis auf den tiefsten Grund aufgewühlt werden, dann erst erfolgt die Reinigung. Das kann ein gewöhnlicher Mensch nicht bewirken, denn kein gewöhnlicher Mensch kennt euer seltsames Gemüt so gut wie ein wahrer Meister. Ein Meister steht über Sinnen und Gemüt, darum kommt er euch merkwürdig vor. Aber nur solch ein merkwürdiger Mensch, der Gemüt und Sinne transzendiert hat, kann euch wirksam durchschütteln und dadurch helfen, von eurem seltsamen Gemüt mit seinen seltsamen Gefühlen freizukommen. Dieser Mensch ist der Meister, der Satguru. Durch Liebe und Mitgefühl zieht er den Schüler an sich, dann fängt allmählich das Umformen durch seine befremdlich anmutenden Methoden und Stimmungen an.

Ein Malayalam-Sprichwort lautet: ‹Wühle das Wasser auf und fange den Fisch!› Wenn du in einem Teich das Wasser in Wallung bringst, hören alle Fische des ganzen Teichs den beängstigenden Lärm und huschen aus dem Schlamm und ihren sonstigen Verstecken hervor. Es ist, als würde der Teich ganz und gar durcheinander gebracht. Sobald alle Fische ihre Verstecke verlassen haben, wirft der Fischer sein Netz aus und fängt sie. Auf ähnliche Weise ruft der Meister mit seinen seltsamen, unverständlichen Mitteln einen Aufruhr in unserem Gemüt hervor. Dieser Tumult bringt alle tief in uns schlafenden *vasanas* (Neigungen) an die Oberfläche. Nur wenn sich diese zeigen, werden wir uns ihrer bewußt und können sie beseitigen. Der Meister wendet seine wunderlichen Methoden mit Bedacht an, um euer Gemüt einzufangen. Der Aufruhr, den er in euch hervorruft, soll euch nur das Ausmaß an Negativem in eurem Inneren vor Augen führen. Wenn ihr das gewaltige Gewicht der Bürde aus Negativem erkennt, die ihr mit euch schleppt, dann wünscht ihr euch ernsthaft, frei davon zu sein. Dieser Wunsch motiviert euch, mit dem Meister zusammenzuarbeiten, denn nun kennt ihr die eigentliche Ursache des Juckens; ihr wißt, wie tief die Wunde ist. Ihr wollt die Bürde nicht länger tragen; ihr wollt euch von ihr befreien, um vollkommen glücklich zu sein. Wenn ihr diese Nichtigkeit erst einmal erkennt, ist es leicht, euch davon frei zu machen. Ihr seht dann, daß aller Kummer und alles Leid seinen Ursprung im Gemüt hat, und mit der Gnade des Meisters wird es euch gelingen, das Gemüt aufzugeben.»

# Kapitel 10

# Eine Mahnung

Ein Brahmacharin wollte einige Monate zurückgezogen außerhalb des Ashrams verbringen. Er hatte Mutter schon mehrmals um die Erlaubnis gebeten, aber ihre Antwort war: «Warum willst du fortgehen? Was hast du davon? Amma glaubt nicht, daß es dir irgendwelchen Nutzen brächte, dich aus dieser Atmosphäre zu entfernen. Wenn du Selbstverwirklichung erstrebst, dann ist dies hier der beste Ort für dich. Willst du dich aber von deinen *vasanas* lenken lassen, dann kannst du ruhig gehen. Das Problem liegt in deinem Gemüt: solange du es überallhin mit dir trägst, erreichst du nichts. Du kannst Orte und äußere Umstände beliebig oft wechseln und bleibst doch derselbe Mensch mit denselben alten Neigungen und Gewohnheiten, bis du irgendwann dein unruhiges Gemüt zum Schweigen bringst; erst dann rückt Selbstverwirklichung in greifbare Nähe. Du brauchst nicht andere Orte oder Umstände, sondern einen Menschen, der sein eigenes Gemüt völlig zum Schweigen gebracht hat. Nur ein solcher Mensch kann dir helfen, dein wirkliches Problem zu erkennen und zu lösen; nur er kann dir helfen, dein Gemüt still werden zu lassen.»

Trotzdem entschloß sich der Brahmacharin zum Gehen. Eines Morgens verließ er den Ashram in aller Frühe. Er ließ Mutter folgende Zeilen zurück: «Amma, vergib mir bitte meinen Ungehorsam. Ich habe ein unwiderstehliches Verlangen, allein zu sein, und muß einfach gehen. Mitfühlende Mutter, nimm mich bitte wieder als deinen Sohn und Schüler auf, wenn ich zurückkehre.»

Doch der Brahmacharin, der sich für mindestens drei Monate in die Einsamkeit zurückziehen wollte, kam am selben Tag in den Ashram zurück. Er erzählte später eine sehr bemerkenswerte

Begebenheit, die ihn zum Verzicht auf seinen Plan zwang, den Ashram zu verlassen.

In der Hoffnung, den ersten Bus nach Kayamkulam nehmen zu können, hatte er die Backwaters in einem Boot überquert und war gerade auf dem Weg zur Bushaltestelle, als plötzlich ein halbes Dutzend Hunde auf ihn zuliefen und ihm den Weg verstellten. Der Brahmacharin hielt die Hunde für harmlos und beschloß, sie zu ignorieren und weiterzugehen. Sobald er sich jedoch bewegte, bellten die Hunde und knurrten ihn bedrohlich an. Der Brahmacharin hob einen auf dem Weg liegenden Stock auf, um die Hunde zu verscheuchen. Darauf reagierten sie jedoch wütend, ihr Gebell klang nun äußerst gefährlich. Einige Hunde kamen dem Brahmacharin bedenklich nahe. Er hatte ihnen Furcht einjagen wollen, doch nun wurde er selbst so ängstlich, daß er den Stock losließ. Sofort hörten die Hunde auf zu bellen und blieben ruhig stehen, aber noch immer ließen sie ihn nicht passieren. Der Weg blieb versperrt, sie wichen keinen Zentimeter zur Seite. Der Brahmacharin versuchte ein zweites und ein drittes Mal, zur Bushaltestelle vorzudringen, aber sobald er einen Schritt voran tat, fingen die Hunde wieder an zu bellen und blockierten weiterhin seinen Weg.

Zuletzt riß dem Brahmacharin die Geduld: Er trat einige Schritte auf die Hunde zu, um sie zu verscheuchen. Sogleich sprang ihn einer von ihnen an und biß ihm blitzschnell in die rechte Wade. Die Wunde war nicht tief, aber das Bein blutete. Der Brahmacharin war schockiert. Der Vorfall öffnete ihm schlagartig die Augen. Er dachte: «Dies muß Mutters *lila* sein; sie wollte mich nicht gehen lassen. Ich bin ungehorsam, doch ich kann nicht einmal das, wenn Mutter es nicht will. Warum sollten sich die Hunde sonst so seltsam benehmen?» Mit diesen Gedanken und halbwegs mit seinem Schicksal versöhnt, machte sich der Brahmacharin auf den Rückweg zum Ashram.

Er wollte diesen Vorfall geheimhalten und beschloß, Mutter später bei passender Gelegenheit davon zu erzählen, aber zu seinem Staunen fragte Mutter ihn am nächsten Morgen: «Die Hunde haben dir eine Lehre erteilt, nicht wahr?» Sie lachte und fuhr fort: «Mein Sohn, betrachte das als eine gebührende Strafe für deinen Ungehorsam.» Bald hatten alle Ashrambewohner von der Begebenheit erfahren. Als er die nächsten zwei Tage mit einem Verband am Bein durch den Ashram lief, rief der Brahmacharin allerseits viel Gelächter hervor und wurde gnadenlos gehänselt. Mit einem Blick auf seinen Verband sagte Mutter lachend: «Laß dir dies eine gute Mahnung sein!» Der Brahmacharin empfand aufrichtige Reue. Er vergoß reichlich Tränen und bat Mutter, ihm zu vergeben.

Später wollte er wissen, wie dies geschehen konnte. Er fragte Mutter: «Warum benahmen sich die Hunde so seltsam? War es dein Wille, der sich durch sie ausdrückte? Wie ist so etwas möglich?»

## Vom Wesen eines wahren Meisters

Mutter antwortete: «Mein Sohn, kennst du nicht die Legende, in der die ganze Natur dem großen Weisen Vedavyasa antwortete, als er seinen Sohn Suka rief und ihn drängte zurückzukommen? Schon als Junge war Suka frei von innerer Bindung an die Welt. Nach Vedavyasas Willen sollte er heiraten und als normaler Haushälter leben, doch der göttlich geborene Suka fühlte sich stark zur mönchischen Lebensweise hingezogen. So entsagte er eines Tages der Welt und zog aus, um *sannyasin* zu werden. Als Suka ihn verlassen hatte, rief Vedavyasa laut seinen Namen. Auf diesen Ruf antwortete die Natur; Bäume und Pflanzen, Berge, Täler, Tiere und Vögel – sie alle gaben Antwort. Was hat dies nun genau zu bedeuten?

Wer die Einheit mit dem höchsten Bewußtsein erlangt hat, ist auch eins mit der ganzen Schöpfung. Er ist nicht mehr bloß ein Körper, sondern die alles Sein durchdringende leuchtende Lebenskraft. Er ist das Bewußtsein, das jedem Wesen Schönheit und Vitalität verleiht; er ist das allem innewohnende Selbst. Darin liegt die Bedeutung der Geschichte.

Als Vedavyasa seinen Sohn rief, antwortete die Natur, denn Suka war das alle Natur durchdringende reine Bewußtsein. Vedavyasa rief Suka, aber Suka war nicht der Körper und hatte daher weder Namen noch Form. Er stand über allen Namen und Formen. Er lebte in jedem Wesen; die Körper aller Wesen waren sein Körper, deshalb gab die ganze Natur Antwort.

Du hast nur die Körper der Hunde gesehen, aber was befand sich in diesen Körpern? In jedem Leib lebt der Atman. Wenn du den Leib eines Hundes siehst, so kannst du ihn einen Hund nennen, aber sobald du die Wahrheit erkennst, siehst du mit eigenen Augen, daß der Hund wie alles andere in der Schöpfung vom höchsten Atman durchdrungen ist. Ein wahrer *Mahatma* kann jedes empfindungsfähige Wesen und jeden gefühllosen Gegenstand dazu bringen, ihm zu gehorchen. Alles ist sein, er kann alles lenken; nichts ist einem *Mahatma* unmöglich. Selbst ein Holzbrett wird alles tun, was er von ihm wünscht. Um wieviel mehr kann er dann einen vielfach klügeren Hund seine Wünsche ausführen lassen? Der *Mahatma* kann die Sonne, den Mond, den Ozean, Berge, Bäume und Tiere für sich wirken lassen. Er kann sich durch das ganze Universum bekunden, er muß nur den Befehl dazu geben. Ein Wort, ein Blick, ein Gedanke oder eine Berührung reichen aus, und alles gehorcht ihm.

Kennst du die Erzählung, in der Krishna eine ganze Kuhherde gegen einen mächtigen Dämon aufbrachte, der die Herde stehlen wollte? Dies bewirkte er, indem er einfach Flöte spielte. Der Dämon war ein Diener von Kamsa, Krishnas heimtückischem Onkel. Kamsa hatte schon auf vielerlei Weise versucht, Krishna zu töten. Mit diesem Auftrag hatte er seine getreuen Dämonen einen nach dem anderen ausgeschickt, doch sämtliche Versuche waren erfolglos geblieben. Die wiederholten Fehlschläge machten Kamsa rasend: Er wollte es Krishna heimzahlen. So rief er einen weiteren Dämon zu sich und befahl ihm, alle Kühe Krishnas und seiner Freunde zu töten.

Jeden Morgen trieben Krishna und die Hirtenjungen die Kühe auf die Weiden. Sie lagen weit entfernt von Gokul, wo Krishna und seine Freunde lebten. Eines Tages, als die Kühe friedlich in einem Wald grasten, erschien der Dämon. Zunächst wollte er die Kühe an eine geeignetere Stelle bringen, um sie dort mit seinen magischen Kräften zu töten. Der abscheuliche

Anblick des Ungeheuers versetzte die Kühe in Furcht; in Panik rannten sie durcheinander. Es gelang dem Dämon, die Herde zusammenzutreiben und sie in die gewünschte Richtung laufen zu lassen. Verschreckt eilten die Hirtenjungen zu Krishna und berichteten ihm, was sich zugetragen hatte. Sri Krishna lächelte, nahm seine Flöte und spielte eine wohltönende, bezaubernde Melodie. Mehr war nicht nötig: Sobald die Kühe das Flötenspiel hörten, ließen sie sich nicht länger von dem Dämon jagen; sie machten kehrt und trieben nun ihrerseits das Ungeheuer vor sich her. Die Herde bestand aus Hunderten von Kühen, über die die Zauberkräfte des Dämonen nun keine Macht mehr hatten. So war es schließlich der Dämon, der vor den Kühen fliehen mußte.

Der Heilige Jnaneshwar konnte eine Wand versetzen und einen Stier die Veden rezitieren lassen.

Meisterschaft über das Gemüt bedeutet Herrschaft über die gesamte Schöpfung. Ihr seid dann nicht nur Meister eures eigenen persönlichen Gemüts, sondern Gebieter aller Gemüter. Ihr seid das Ganze, nicht ein Teil davon. Wenn ihr das einmal erkannt habt, gibt es keinerlei Getrenntsein mehr.»

## Nimm Zuflucht zu Füßen eines vollkommenen Meisters!

Im Zusammenhang mit dem Versuch des Brahmacharins, den Ashram zu verlassen, erläuterte Mutter später: «Überall in der Welt rennen Menschen auf der Suche nach Spiritualität und Selbstverwirklichung umher. Sie wollen eine friedliche, abgeschiedene Stelle finden, etwa eine Höhle oder einen Wald, oder eine gebirgige Gegend mit einem Fluß in der Nähe. Zuerst müßten sie aber lernen, geduldig zu werden und sich an einem Ort niederzulassen – allerdings nicht, wo es ihnen gerade beliebt; es sollte zu Füßen eines Menschen sein, der ihnen hilft zu erkennen, daß die Ursache ihrer Schwierigkeiten nirgendwo außen liegt, sondern in ihnen selbst. Es sollte jemand sein, der den Suchenden an die Hand nehmen und ihn zum Ziel geleiten kann; jemand, der dem Strebenden das Gefühl gibt, daß er nicht allein ist und daß er immer auf die Hilfe und liebevolle Führung seines mit unendlicher spiritueller Kraft begabten Meisters vertrauen darf.

Dies ist kein leichter Weg; ohne Leiden geht es nicht ab. Aber der Strebende darf auch nicht zuviel Schmerz spüren, sonst könnte er vom Weg abkommen oder wegzulaufen wünschen. Geeignete Schüler sind in unseren Tagen selten. Es gab sie vor langer Zeit, als noch Wahrheit und Glaube unter den Menschen herrschten. Sie waren so fest entschlossen, das Ziel zu erreichen, daß sie die vom Meister auferlegte strikte Disziplin mühelos einhalten konnten. Diese Wahrheitssucher besaßen vollkommenen Glauben und echte Hingabefähigkeit. Aber die Welt hat sich verändert: Glauben und Hingabe sind heute nur noch Worte. Viel reden und wenig tun – das ist die Devise unseres Zeitalters, und die Impulse des Gemüts sind dominierender denn je. Niemand will sich einer Disziplin unterwerfen. Alle wollen ihr ach so kostbares Ego erhalten; man sieht das Ego nicht mehr als eine Bürde, sondern als einen Schmuck an. Die Menschen empfinden nicht einmal mehr die Last ihres Egos. Sie fühlen sich in ihrer kleinen, harten Schale durchaus wohl und haben Angst, deren Sicherheit aufzugeben. Sie meinen, wo sie sich befänden, seien sie gut aufgehoben. Was außerhalb der Hülse ihres Egos liegt, macht ihnen Angst, es ist unbekannt und somit unsicher. Sie glauben, was jenseits ihres Egos liege, gehe sie nichts an, sondern nur jene, ‹die zu nichts anderem imstande sind›.

## Hingabe bedarf des Mutes

Sich einem Meister hinzugeben ist nicht leicht; man braucht Mut dazu. Es ist wie beim Sprung in einen Fluß. Der Fluß ist der Meister. Sobald ihr hineinspringt, trägt euch die Strömung unausweichlich dem Meer entgegen; es gibt kein Entkommen. Ihr könnt euch nach Kräften bemühen, gegen den Strom zu schwimmen, aber die Strömung ist so mächtig, daß sie euch unweigerlich zum Ozean trägt – zu Gott oder zum Selbst, eurer wahren Heimat. Der Sprung in den Fluß ist ein Akt der Hingabe. Er bedarf des Mutes, denn er kommt dem Tod von Körper und Gemüt gleich.

Ihr seid jetzt vielleicht noch nicht bereit, den Sprung zu tun und euch dem tiefen Wasser des Flusses anzuvertrauen. Für den Moment könnt ihr am Ufer stehenbleiben und euch an der Schönheit des Flusses erfreuen. Ihr könnt die kühle, sanfte Brise genießen, das stetige Plätschern des Wassers, die Majestät und Anmut des Flusses. Das ist gut so. Der Fluß zwingt euch nicht hineinzuspringen, ihr könnt am Ufer verweilen, solange ihr mögt: Er wird euch nicht fortschicken. Er wird nie sagen: ‹Genug ist genug! Geht jetzt! Es gibt eine lange Warteliste.› Er wird auch nicht sagen: ‹Es ist soweit. Springt jetzt sofort, oder ich zwinge euch dazu!› Nein, nichts dergleichen. Es liegt ganz bei euch. Ihr könnt springen oder am Ufer bleiben. Der Fluß ist einfach da, immer bereit, euch aufzunehmen und reinzuwaschen.

Der Meister als geistiger Fluß hat kein Ego. Er denkt nicht: ‹Ich fließe, ich bin stark und schön. Ich habe die Macht, euch zum Ozean zu tragen. In Wahrheit bin ich der Ozean. Seht, wie viele Menschen in mir baden und schwimmen, und wie sie sich an mir erfreuen!› Nein, der Fluß des Meisters kennt solche Gefühle nicht. Er fließt einfach, weil es seiner Natur entspricht.

Wenn ihr aber einmal eintaucht, ist der Strom so stark, daß ihr fast so hilflos wie ein Leichnam werdet. Ihr habt dann keine andere Wahl, als einfach stillzuhalten und euch vom Fluß tragen zu lassen, wohin er will. Die Entscheidung liegt bei euch: Ihr könnt am Ufer bleiben oder eintauchen. Sobald ihr aber springt, habt ihr keine Wahl mehr. Dann verliert ihr eure Individualität und müßt euer Ego aufgeben. An diesem Punkt löst ihr euch als gesonderte Persönlichkeiten auf und stellt fest, daß ihr in reinem Bewußtsein schwebt.

Es steht euch also frei, am Ufer stehenzubleiben, aber wie lange? Früher oder später müßt ihr entweder springen oder umkehren und in die Welt zurückgehen. Selbst wenn ihr in die

Welt zurückkehrt, geht von der Schönheit und dem Zauber des Flusses weiterhin eine solche Anziehungskraft aus, daß ihr nicht anders könnt, als immer wieder zurückzukommen. Eines Tages wird es euch von innen drängen, den endgültigen Sprung zu tun. Und schließlich werdet ihr springen – es muß geschehen.

Solange ihr am Ufer steht, könnt ihr vieles über den Fluß sagen: Ihr rühmt ihn, ihr schildert seine Schönheit, ihr bildet euch eure Meinung über ihn und habt unendliche Geschichten über ihn und seinen Werdegang zu erzählen. Doch das tut ihr, ohne je in ihn eingetaucht zu sein; daher hat nichts von allem, was ihr über die Erhabenheit des Flusses sagt, irgendeine Bedeutung. Wenn ihr zuletzt tatsächlich springt und euch dem Fluß des Seins anvertraut, dem vollkommenen Meister, werdet ihr schweigen. Dann bleibt nichts zu sagen.

Hingabe macht euch still, sie löst das Ego auf und hilft euch, eure Nichtigkeit und Gottes Allmacht zu erleben. Wenn ihr wißt, daß ihr nichts seid und absolut nichts wißt, habt ihr auch nichts zu sagen. Dann habt ihr ungeteilten, bedingungslosen Glauben und könnt euch nur in tiefster Demut verbeugen. Wirkliches Wissen zu erlangen erfordert Demut. Wirkliches Wissen und Ego sind miteinander unvereinbar. Demut ist ein Kennzeichen wahren Wissens.

Gute Redner haben meist ein starkes Ego. Es gibt Ausnahmen, aber im allgemeinen neigen sie dazu, viel zu reden und wenig zu tun. Warum? Weil sie sich keiner höheren Wahrheit – den höheren Werten des Lebens – hingegeben haben. Sie glauben nicht wirklich an Gottes Allmacht, und sie sind sich ihrer eigenen Nichtigkeit nicht bewußt, auch wenn sie vielleicht darüber sprechen. Solche Leute mögen viel Gutes für die Welt tun, aber sie richten auch viel Schaden an.

Amma will nicht verallgemeinern: Nicht alle Menschen sind gleich. Manche haben sich Gott ergeben, aber man kann sie an den Fingern abzählen. Die allgemeine Tendenz weist eher auf zunehmenden Egoismus hin.

# Das Ego tötet die wahre Persönlichkeit

Das größte Problem im politischen und ökonomischen Leben ist der harte Wettbewerb, das Tauziehen zwischen rivalisierenden Parteien und Wirtschaftsgruppen, die einander der eigenen Oberhoheit unterwerfen wollen. Dabei müßt ihr den Rivalen aggressiv entgegentreten; ihr wollt Macht über sie gewinnen, müßt ihnen also zeigen, daß ihr etwas geltet. Um euer Ziel zu erreichen, sind euch alle – auch skrupellose – Mittel recht. In diesem Überlebenskampf büßt ihr eure Menschlichkeit ein; ihr werdet fast wie Tiere. Euer Herz wird hart wie Stein. Das menschliche Mitgefühl geht verloren, eure wahre Persönlichkeit wird geopfert. Dazu hat Amma eine Geschichte gehört:

Ein Mann war in einen Rechtsstreit verwickelt. Er fürchtete, seinen Prozeß zu verlieren, und erzählte seinem Anwalt, er wisse keinen Ausweg, als den Richter mit einem Satz Golfschläger zu bestechen. Schockiert erwiderte der Anwalt: ‹Der Richter ist auf seine Ehrlichkeit sehr stolz, er ist unbestechlich. Wenn Sie das versuchen, wird es ihn nur gegen Sie einnehmen, und das Ergebnis können Sie sich vorstellen.›

Der Mann gewann seinen Prozeß, und als alles vorüber war, lud er seinen Anwalt zum Abendessen ein. Er bedankte sich bei ihm für den guten Rat bezüglich der Golfschläger. ‹Ich habe sie dem Richter tatsächlich geschickt›, sagte er, ‹aber im Namen der Gegenpartei.›

Das Ego verwandelt das Leben in eine Art Schlachtfeld, auf dem es nur Feinde gibt, keine Freunde, keine nahen Vertrauten. Auf einem Schlachtfeld gibt es weder Liebe noch Mitgefühl, dort denkt ihr immer nur daran, wie ihr den anderen vernichtend schlagen könnt. Vergeben und vergessen kommt euch nie in den Sinn. Selbst eure angeblichen Verbündeten versuchen, euch zu hintergehen, und sie verdächtigen euch ebenso wie ihr sie. So vernichtet ihr zunächst eure Gegner und dann eure Verbündeten. Macht und Geld blenden euch. Woher kommt diese ganze Rivalität? Aus Mangel an Hingabe und Demut. Jeder hält sich selbst für etwas ganz Besonderes, etwas Großes. Also muß man den anderen seine Größe zeigen, und das endet immer in Zerstörung.

Neulich besuchte ein Filmschauspieler Amma und berichtete ihr von seinem Überlebenskampf im Filmgeschäft. Er sagte: ‹Die Leute stellen es sich so wunderbar vor, in der Filmindustrie zu arbeiten; sie meinen, die Filmstars seien glücklich und zufrieden.› Und dann erzählte er Amma voller Kummer, das Filmgeschäft gehöre wegen all des Neids und der Konkurrenz unter den Schauspielern zu den schlimmsten Berufen, denen man nachgehen könne. Die erfolgreichen Stars ermutigten die anderen Schauspieler nie. Zwar gebe es viele begabte Darsteller, doch seien sie völlig von der Gnade der Produzenten, Regisseure und Stars abhängig. Es herrsche eine schamlose Rivalität unter ihnen; jeder versuche, den anderen am Aufstieg zu hindern.

Manche Menschen verstecken ihr Ego, um ihr Ziel zu erreichen. Wenn jemand, der schon lange vergeblich Arbeit sucht, sich einem Fabrikbesitzer vorstellt, um angestellt zu werden, verbirgt er sein Ego sorgfältig und spielt den Bescheidenen. Er akzeptiert bereitwillig alle Bedingungen des Fabrikanten und unterschreibt den Vertrag. Er verpflichtet sich sogar, nie an irgendwelchen Streiks oder Protestaktionen gegen die Firmenleitung teilzunehmen und seine Pflichten unverzüglich und getreulich zu erfüllen. Doch sobald er die Stelle angetreten hat, beginnt er, sich für etwas Besonderes zu halten, und will das demonstrieren. Er bricht nach und nach sämtliche Versprechungen, vergißt die eingegangene Verpflichtung und läßt sein Ego aus dem Versteck hervorkommen.

Wenn ihr euch einem höheren Bewußtsein unterwerft, gebt ihr alle eure Ansprüche auf; ihr laßt alles los, woran ihr bisher festgehalten habt. Ob ihr gewinnt oder verliert, spielt dann keine Rolle mehr. Ihr wollt nicht länger etwas sein, vielmehr sehnt ihr euch danach, nichts zu sein, absolut nichts. Nur so könnt ihr in den Strom des Seins eintauchen.

Das Ego oder das Gemüt gibt euch das Gefühl, etwas zu sein. Solange es sich in den Vordergrund schiebt, könnt ihr nicht tief in euer eigenes Bewußtsein tauchen. Ihr müßt zu nichts werden; keine Spur des ‹Ich bin etwas› darf erhalten bleiben. Solange ihr etwas seid, ist der Zutritt in die Sphäre reinen Bewußtseins versperrt.

# Das häßliche Ego

Das Ego kann nur zerstören. Es zerstört alles – sogar das Leben selbst; es zerstört alles Gute und Schöne. Wo das Ego vorherrscht, dominiert auch Häßlichkeit, denn das Ego ist von Natur aus abstoßend häßlich. Ein Egoist mag gut aussehen und hochbefähigt sein, doch wird man sich in seiner Gegenwart nicht wohlfühlen.

Der Dämonenkönig Ravana war ein stattlicher, hochbegabter Mann, der sich würdevoll zu benehmen wußte. Er konnte ausgezeichnet singen und musizieren, er verstand sogar, virtuos mehrere Instrumente gleichzeitig zu spielen. Er war ein großer Gelehrter, Komponist und Autor, und doch ging von ihm immer etwas Widerwärtiges aus. Trotz aller großartigen Eigenschaften hatte er einen abstoßenden Charakter; das lag an seiner ungeheuren Ichsucht. Er hielt sich allen anderen Lebewesen für überlegen. Der Gedanke ‹Ich bin etwas Großes› entstellt die Menschen.

Vedavyasa dagegen war kein gutaussehender Mann, doch empfand man ihn, weil er Einfachheit und Demut verkörperte, als göttlich und ausnehmend schön. Er besaß kein Ego, war wahrhaftig groß, erhob aber nie den Anspruch, etwas Besonderes zu sein. Er hielt sich für nichts, deshalb war er alles.

Vedavyasa war eine vollkommen gottergebene Seele, Ravana dagegen hatte sich niemals hingegeben. Sein Ego war gewaltig aufgebläht, während Vedavyasa keinerlei Ego besaß. Er war reines Bewußtsein in Person. Das ist ein enormer Unterschied.»

Gebannt lauschten alle Zuhörer diesen Worten und betrachteten dabei die unbegreifliche Mutter. Brahmachari Pai stimmte das Lied *Ammayennullora Ten Mori* an.

Kommt nur ein Name unter Tausenden
Ammas nektarsüßem Namen gleich?
Wo könnte mein unstetes Gemüt
besser und würdiger ruhen,
als im Reich Deiner Liebe?

O Mutter, wenn Du mich hilflos wandern läßt,
einsam an nächtlichen Stränden,
dann wird den Garten meines Herzens
unsägliches Leid erfüllen.

O Mutter, alleinige Schützerin,
wer außer Dir
kennt meine geheimsten Sorgen?
Wenn wir, die Dich verehren,
schwach und verächtlich werden,
was nützte uns dann
Meditation über Deine Lotosfüße?

O segensreiches unendliches Licht,
liebkose mich bitte mit dem zartesten Schimmer
Deines Blicks.
Dann wird mein Herz dahintreiben
im heiligen Fluß
süßer Glückseligkeit.

# Kapitel 11

# Der Platz an Mutters Seite

Eines Abends konnte Brahmachari Balu während des Devi Bhava nicht singen, weil er Halsschmerzen hatte; so saß er meditierend im Tempel, wiederholte sein Mantra und betrachtete immer wieder Mutters leuchtendes Gesicht.

Saumya saß neben Mutter, wo sie ihr wie immer beim Bhava *darshan* zur Seite stand. Anfangs lebten Gayatri und Saumya als einzige Brahmacharinis ständig im Ashram. Davor, als Mutter in den frühen Tagen des Ashrams gerade begann, Krishna Bhava und Devi Bhava zu offenbaren, standen ihr die weiblichen Devotees aus dem Ort beim Bhava *darshan* zur Seite. Nachdem Gayatri sich Anfang der achtziger Jahre dauerhaft im Ashram niedergelassen hatte, kümmerte sie sich bald auch um Mutters persönliche Bedürfnisse. Die Aufgabe, Mutter beim Bhava *darshan* zu betreuen, ging später auf Saumya über, als sie Ende 1982 in den Ashram übersiedelte.

Damals ließ Mutter während des Devi Bhava immer einen Brahmacharin rechts neben sich sitzen. Dies waren für ihn unschätzbare Augenblicke.

Wenn Mutter einen Brahmacharin einlud, sich neben sie zu setzen, trug sie ihm gewöhnlich zwischen die Augenbrauen ein wenig Sandelpaste auf. Diese Berührung hatte eine besondere Wirkung: Sie rief ein so einzigartiges Gefühl von Frieden hervor, daß man spontan in tiefe Meditation versank. Mutter ließ den Brahmacharins diesen Segen zuteil werden, um ihnen eine solche Erfahrung zu vermitteln. Die erste Gruppe von Brahmacharins hatte das große Glück, dies erleben zu dürfen. Manchmal rief Mutter einen von ihnen zu sich, ließ ihn neben sich sitzen und seinen Kopf auf ihren Schoß legen, wobei er dann faszinierende Visionen und andere spirituelle Erfahrungen hatte. Nicht selten gewährte Mutter dieses Vorrecht auch verheirateten Devotees.

Während des Devi Bhava neben Mutter sitzen zu dürfen, galt als Zeichen ihrer besonderen Liebe, daher warteten die Brahmacharins immer begierig darauf, daß Mutter sie zu sich rief. Sie lud aber nur jeweils einen der sechs oder sieben damals im Ashram lebenden Brahmacharins ein, während des Devi Bhava bei ihr zu sitzen. Manchmal überging sie die Brahmacharins auch ganz und bat einen Haushälter-Devotee, zu ihr zu kommen. Wenn die anderen dann merkten, daß sie für diesmal keine Chance hatten, wurden sie auf den Erwählten sehr eifersüchtig. Im Lauf der Zeit hörte Mutter ganz auf, einzelne Devotees zu sich zu rufen.

Die Erinnerungen der Brahmacharins an jene Tage sind nach wie vor frisch und lebendig. Ihre tiefen, spontanen Meditationen bleiben unvergeßlich. Manchmal nahm Mutter sich auch die Zeit, auf die Fragen des bei ihr Sitzenden einzugehen.

Dies war eine solche beglückende Nacht für Brahmachari Balu. Auf der vorderen Veranda des Tempels wurden mit großer Begeisterung *bhajans* gesungen. Brahmachari Pai sang *Oru Pidi Sneham.*

Ich bin Schatten nachgejagt,
in meiner Sehnsucht nach ein wenig Liebe,
doch als ich sie fast greifen konnte,
entglitt die Liebe meiner Hand.
O Mutter,
nun bin ich wieder auf der Wanderschaft.

Wellen des Grams
haben mein Herz wundgepeitscht.
Wo soll meine zerschlagene Seele Dich suchen?
Ist es dir gleich, o Mutter?
Ist es dir gleich?

Ich trinke und trinke
die Tränen des Leids,
und will nun nicht länger schlafen.
Sei mir gnädig, o Mutter,
damit ich erwache
und zu Deinen Lotosfüßen
mich selbst entdecke.

Balu saß unweit von Mutter an der Wand, betrachtete ihr schönes Gesicht und dachte bei sich: ‹Wie wunderbar es wäre, wenn Mutter mich jetzt zu sich riefe und bei sich sitzen ließe.› Plötzlich sah Mutter ihn an und forderte ihn lächelnd auf, sich zu ihr zu setzen. Balus Freude kannte keine Grenzen. Mutters schnelle Antwort auf sein Gebet ließ ihn vollkommen offen und empfänglich werden.

Ohne auch nur einen Augenblick zu vergeuden, setzte sich Balu neben Mutters *peetham* auf den Boden. Mit strahlendem Lächeln sagte sie zu ihm: «Amma wußte, daß du dich sehr danach sehntest, bei ihr zu sitzen.» Balu sah ihr lange ins Gesicht und vergoß wortlos Tränen. Als Mutter das sah, zeigte sie Balu ihre überströmende mütterliche Liebe, indem sie seinen Kopf sanft auf ihren Schoß zog. Dabei gab sie den Devotees weiter *darshan.*

Von der Tempelveranda war Pai zu hören, wie er als Einleitung zu einem Lied den folgenden *Amritanandamayi Stavamanjari sloka* rezitierte:

O Mutter, ich verbeuge mich vor Dir,
der Essenz des Aum,
der unendlichen, ewigen,
im Herzenstempel der Weisen strahlenden
Glückseligkeit reinen Bewußtseins...

vor dem Quell der Freude
der aufrechten, standhaften,
in Andacht versunkenen Schüler...

denen Du mit Liedern der Gottesliebe
glühende Hingabe einflößt...

vor der von allen redlichen Menschen
angebeteten Mutter.

Balu erhob seinen Kopf von Mutters Schoß und schaute wieder in ihr strahlendes Gesicht. Als sie ihm einen liebevollen Blick zuwarf, fragte Balu: «Amma, war ich in allen deinen früheren Inkarnationen bei dir?»

Amma erwiderte lächelnd: «Mein Sohn, du warst immer bei Amma. Alle, die jetzt bei Amma sind, waren auch in allen ihren früheren Erdenleben bei ihr. Wie könntest du dich ihr sonst von innen heraus so tief verbunden fühlen?»

Frage: «Amma, manche sagen, der Guru wähle seine Schüler aus; andere meinen, der Schüler wähle den Guru. Wie ist es wirklich? Hast du mich erwählt oder ich dich? Habe ich dich gefunden oder du mich? Bitte, erkläre mir das.»

Mutter: «Wenn Amma dir sagte, sie habe dich gewählt, würdest du das dann ohne jeden Zweifel glauben? Doch wohl nicht. Auf dem jetzigen Stand deiner Entwicklung wirst du das vielleicht eine Zeitlang für wahr halten, aber schon bald wird das Gemüt wieder Einwände erheben. Es könnte sich auf die Theorie von Ursache und Wirkung berufen, und sobald du dich darauf einläßt, fängst du an zu analysieren: ‹Gut, Amma sagte, sie habe mich gefunden. Aber wenn sie mich fand, muß das die Auswirkung von etwas anderem sein. Wo liegt also die eigentliche Ursache? Sie muß in meinem *punya* (Verdienst) oder in dem von mir ausgeübten *tapas* liegen.› Wenn du so denkst, schleicht sich das Ego allmählich wieder ein.»

Frage: «Werde ich in diesem Leben Selbstverwirklichung erlangen, oder muß ich dazu noch einmal wiedergeboren werden?»

Mutter: «Kannst du die Kraft aufbringen, dein Gemüt und alle deine Wünsche in diesem Leben auszulöschen? Amma wird dir immer zur Seite stehen, dich führen und an der Hand halten. Aber wirst du deinen *sadhana* ganz regelmäßig ausüben, wie Amma es dir aufträgt? Wenn du das schaffst, dann nimmt Amma an, daß du nicht wiedergeboren wirst.»

Frage: «Amma, Ich fürchte mich nicht davor wiederzukommen. Ich möchte nur bei dir sein, auch wenn ich noch vielmals geboren werden muß.»

Mutter: «Wenn du in diesem Leben wirklich bei Amma bist, wirst du auch in allen ihren künftigen Inkarnationen mit Sicherheit bei ihr sein. Daran besteht kein Zweifel.»

Frage: «Was bedeutet ‹wenn du wirklich bei Amma bist›? Bin ich denn jetzt nicht bei dir?»

Mutter: «Wirklich bei Amma zu sein bedeutet, ihr bedingungslos zu gehorchen. Wenn man Amma nur physisch nahe ist, ohne die spirituellen Prinzipien zu verstehen, die sie verkörpert, ist man nicht wirklich bei ihr – man hat sie in Wirklichkeit vergessen. Wahrhaft an Amma zu denken heißt, ihren Worten zu folgen, den spirituellen Sinn dieser Worte zu verstehen und sie in der Praxis anzuwenden. Allerdings hat schon das bloße Zusammensein mit einem *Mahatma* ganz von selbst läuternde Wirkung.»

Balu schaute Mutter an und sagte: «Eine letzte Bitte, Amma: Gewähre mir die Gunst, immer in deiner göttlichen Gegenwart sein zu dürfen.»

Mutter tauchte ihren Zeigefinger in ein Schälchen mit Sandelpaste. Dann berührte sie die Stelle zwischen Balus Augenbrauen mit der Fingerspitze, worauf Balu sich von Glückseligkeit durchflutet fühlte. Er schloß die Augen, und während Mutter weiter ihren Finger auf sein drittes Auge drückte, versank er in tiefe Meditation.

Die Brahmacharins sangen das Lied *Brahmanda Pakshikal.*

O Mutter,
Du bist der ruhmreiche Baum des Wissens.
Wie Vogelschwärme
fliegen die Sterne zu Dir.
Laß mich in Deinem Schatten wachsen,
bis ich durch Selbsterkenntnis
zu Dir komme.

Allmächtige Mutter,
ich bete Dich an,

wissend,
daß der blaue Himmel Dein Kopf ist,
die Erde Deine Füße
und der weite Raum Dein Leib.

In allen Religionen gepriesene Mutter,
Essenz der vier Veden,
Quelle des Seins,
in dem Namen und Formen wieder vergehen,
in tiefer Demut
verbeuge ich mich vor Dir.

Zum Schluß des Devi Bhava rief Mutter den leprakranken Dattan zum *darshan* zu sich. Mutters Fürsorge für ihn war bewegend und ehrfurchtgebietend. Sie schenkte ihm viel mehr Zeit und Aufmerksamkeit als jedem anderen.

Dattan kam zu Mutter und warf sich ihr zu Füßen. Mutter hob ihn auf und legte seinen Kopf auf ihren Schoß. Nach einiger Zeit hob sie seinen Kopf und lehnte ihn an ihre Schulter. Dann fing sie an, seine eiternden Geschwüre mit ihrer Zunge sauberzulecken – ein jede Vorstellungskraft übersteigender Beweis von Liebe und Mitgefühl. Die Zuschauer waren entsetzt und zugleich tief bewegt. Ein im Tempel stehender Devotee wurde bei diesem Anblick ohnmächtig und mußte hinausgetragen werden, worauf Mutter die anderen Devotees bat, den Tempel zu verlassen. Dann tat sie etwas Erstaunliches: Sie zog Dattans Kopf zu sich, hielt ihn zwischen ihren Händen, biß in eine schwärende Wunde auf seiner Stirn, und nachdem sie Blut und Eiter herausgesaugt hatte, spie sie es in eine von Brahmacharini Saumya bereitgehaltene Schüssel. Das wiederholte sie noch mehrere Male; dann rieb sie den Leib des Leprösen mit etwas geheiligter Asche ein. Sie umarmte ihn noch einmal herzlich, ging dann zu den offenen Türen des Tempels und überschüttete die Devotees mit Blütenblättern – das Zeichen für das Ende des Devi Bhava.

Es bleibt nachzutragen, daß Dattan vollkommen geheilt wurde. Seine einzige Medizin war Mutters Speichel. Alle seine Wunden verschwanden, nur die Narben blieben sichtbar.

# Kapitel 12

# Nicht mein Recht, sondern seine Gnade

Am Tag nach dem Devi Bhava war der Ashram nicht mehr so voll. Balu, Venu, Ramakrishnan, Rao, Srikumar und Pai[11] saßen bei Mutter, die soeben aus ihrem Zimmer gekommen war und vor der Meditationshalle Platz genommen hatte. Balu nutzte die Gelegenheit zu einer Frage: «Amma, als ich dich gestern abend beim Devi Bhava fragte, ob der Schüler den Meister oder der Meister den Schüler wählt, sagtest du, es sei für den geistigen Fortschritt des Schülers immer am besten, wenn er denkt: ‹Gott hat mich erwählt› oder: ‹Mein Meister hat mich erwählt.› Kannst du uns dazu mehr sagen?»

Mutter: «Der Gedanke, du habest deinen Meister gewählt, stärkt dein Ego. Du kannst deinen Meister nicht wählen, wenn er das nicht will. Es wäre Dünkel zu meinen: ‹Ich habe meinen Meister gewählt.› Dann könntest du ihn auch jederzeit wieder verlassen. Aber du bist gar nicht fähig, deinen Meister zu wählen, weil er deine Fassungskraft bei weitem übersteigt. Bevor du etwas wählst oder zurückweist, versuchst du herauszufinden, ob es gut oder schlecht für dich ist, und nur wenn es gut ist, entscheidest du dich dafür. Du kannst es auch eine Zeitlang benutzen und wieder fallenlassen, wann es dir beliebt; diese Entscheidung beruht auf Verstandeserwägungen. Wenn sich ein Schüler jedoch auf den ersten Blick unwiderstehlich in den Meister verliebt, so

---

[11] Balu ist heute bekannt unter dem Namen Swami Amritaswarupananda, Venu ist Swami Pranavamritananda, Ramakrishnan ist Swami Ramakrishnananda, Rao ist Swami Amritatmananda, Srikumar ist Swami Purnamritananda, Pai ist Swami Amritamayananda.

geschieht das nicht über den Verstand: die spirituelle Anziehungskraft des Meisters ist so übermächtig, daß der Schüler ihr erliegt. Das Denken ist nur ein Hindernis für wahre Liebe und Selbsthingabe.

Der Meister ist kein Ding und keine begrenzte Persönlichkeit. Der wahre Meister ist dein eigenes Selbst, das Selbst aller Dinge – er ist Unendlichkeit.

Wie kann der Fluß den Ozean wählen? Er fließt wie alle Flüsse unwiderstehlich zum Ozean hin. Sie werden zum Ozean getragen und verschmelzen mit ihm. Die Anziehungskraft des Ozeans ist so übermächtig, daß die Flüsse nicht anders können, als zu ihm hinzufließen.

Ebenso unwiderstehlich wirst du zum höchsten Meister hingezogen. Seine unendliche Kraft zieht dich an, und so kommst du schließlich zu ihm hin. Die Macht des Meisters macht jede Wahl deinerseits unmöglich. Er allein hat die Wahl. Sie ist seine Gnade, nicht dein Verdienst.

Du wirst unwiderstehlich von der allmächtigen geistigen Strahlkraft des Meisters angezogen, so wie ein Eisenfeilspan vom Magneten. Ein Span hat keine Wahl. Sobald er ins Magnetfeld gerät, kann er nicht mehr entscheiden. Der Magnet zieht ihn an sich; er muß sich einfach auf ihn zu bewegen. In gleicher Weise wirst du unwiderstehlich vom höchsten Meister angezogen. Du hast keine Wahl; es geschieht einfach.

Der Meister hebt dich auf die Ebene, auf der er sich selbst ständig befindet. Die richtige Haltung ist daher zu denken: ‹Nicht ich habe ihn gewählt, sondern er mich.› Auch darin, sich als vom Meister erwählt zu betrachten, liegt allerdings eine Gefahr, denn ihr könntet im Laufe der Zeit meinen: ‹Er hat mich gewählt, also muß ich etwas Besonderes sein.› Das ist gefährlich, denn mit dieser Einstellung vergißt man leicht, welch wichtige Rolle bei alledem die Gnade des Meisters spielt. Ihr könntet meinen, weil euer Meister euch bei sich haben wollte, sei es euer gutes Recht, sein Schüler zu sein. Mit solchen Gedanken plustert sich das Ego gern auf. Das Ego eines spirituell Strebenden ist viel subtiler als das eines weltlich lebenden Menschen.

Am besten ist es zu denken: ‹Nur durch die Gnade meines

Meisters darf ich bei ihm sein. Ich habe kein Anrecht darauf, es ist sein Geschenk. Der Meister hat mich gefunden. Ich selbst war unnütz, verloren und ohne Hoffnung, aber dank seiner Gnade und Liebe bin ich jetzt hier. Ich verdiene es nicht, dennoch überschüttet er mich mit seinem göttlichen Segen.› Eine solche Haltung läßt Demut aufkommen; sie hilft dir, das Ego auszumerzen. Das Wichtigste ist, dieses Bewußtsein permanent wachzuhalten. Da das Gemüt mit seinen *vasanas* überaus machtvoll ist, kann man ihm leicht zum Opfer fallen und die Gnade des Meisters darüber vergessen. Demut zu entwickeln ist das eigentliche Ziel spirituellen Lebens. Nur über die Demut führt der Weg zu Gott. Wenn du dich dagegen als vom Meister auserwählt betrachtest, könntest du denken: ‹Zahllose Menschen leben auf der Welt, aber mein Meister wählte *mich*. Ich muß mir in meinem vorigen Leben große Verdienste oder geistige Kräfte erworben haben. Deshalb hat er sich nicht für andere, sondern für mich entschieden. Die Arbeit, die ich tue, kann von keinem anderen in der Welt getan werden. Der Meister will mich, deshalb bin ich hier.›

Dergleichen Gedanken können dich überrumpeln, und dann bist du nicht besser als die weltlich orientierten Menschen, weil sich in dir ein gewaltiges Ego entfaltet, was sehr gefährlich ist. Eine solche Haltung gibt dir das Gefühl großer Wichtigkeit. Das Ego verunstaltet deine Persönlichkeit. Ein wahrer Schüler oder Devotee ist überaus demütig; dies verleiht ihm die spirituelle Schönheit, die gerade in der Demut liegt.

Der Meister wählt dich, um dich zu retten. Daß er dich ausgesucht hat, sollte als unverdientes Geschenk betrachtet werden. Es ist nicht dein Anrecht, sondern seine Gnade und sein Segen. Wenn du dir diese Haltung nicht zu eigen machst, wird sich das Ego wieder einschleichen, ohne daß du es auch nur bemerkst.

Man sollte demütig genug sein zu denken: ‹Ich bin nichts, du bist alles.› Nur wenn du dich als nichts empfindest, wirst du alles werden. Wenn du dich jedoch für etwas hältst, wirst du zu nichts.»

# Hüte dich vor dem subtilen Ego!

Frage: «Amma, du sagtest, ein spiritueller Mensch habe ein sehr verfeinertes Ego, das ihn sogar wieder in ein weltliches Leben zurückzwingen könne. Würdest du das bitte erklären?»

Mutter: «Schon der Gedanke ‹Ich bin spirituell, ich bin geistig fortgeschritten› oder ‹Ich habe der Welt entsagt› kann zum Stolperstein für euren geistigen Fortschritt werden. Auch solche Gedanken entstammen dem Ego, allerdings einer subtileren Form des Egos. Ihr denkt vielleicht: ‹Ich bin etwas Besonderes, denn ich habe allem entsagt. Seht euch die weltlichen Leute an, die noch im Sumpf des Materialismus stecken! Sie sind so unwissend.› Ihr mögt meinen, weit über den weltlichen Menschen zu stehen. Solche Gedanken beweisen aber nur geistige Unreife; sie zeigen eure eigene Ignoranz. Die in weltlichen Bindungen lebenden Menschen sind womöglich unwissend, aber sie sind auch nicht auf dem geistigen Weg; ihr dagegen wollt spirituell voranschreiten und seid doch selbst noch spirituell unwissend. Solche Gedanken entstammen dem Ego; sie müssen ausgemerzt werden. Unter der Führung eines wirklichen Meisters kann sich Überheblichkeit dieser Art nicht halten. Der Meister würde sie sofort bemerken und mit der Wurzel austilgen. Das subtile Ego ist überaus mächtig und ist sehr schwer zu beseitigen.

Ein weltlich gesinnter Mensch ist stolz auf das, was er im Leben erreicht hat, und er führt seine Errungenschaften gerne vor. Sein Ego stammt aus der Bindung an Gegenstände der äußeren Welt. Er besitzt ein großes, schönes Haus, an dem er hängt und auf das er sehr stolz ist. Diese Einstellung bietet ausgezeichnete Nahrung für sein Ego. Er ist auch stolz auf sein Prestige, seinen Einfluß und Wohlstand, was er mitunter höchst aufdringlich demonstriert. Man spürt es in seiner Gegenwart; sogar seine Art, zu gehen und zu sprechen, hat einen Anflug von Stolz. Je reicher und mächtiger ihr seid, desto größer ist euer Ego. Doch ob reich oder arm, in bezug auf das Ego ist das nur ein gradueller Unterschied.

Auch die Neigung, ständig zu denken, deutet auf ein starkes Ego hin: Viele Gelehrte, Denker und Vortragsredner sind besonders eitel. Menschen in hoher sozialer Stellung verhalten sich oft sehr überheblich, sofern sie sich nicht in Selbsthingabe geübt haben. Sie sind an öffentliche Ehrungen für ihre außergewöhnlichen Leistungen gewöhnt. Das Ego wächst mit der Anerkennung; daher wird man normalerweise um so ichsüchtiger, je berühmter man ist. Das geschieht vielen Menschen, die Erfolg im Leben haben. Ihr Ego ist ganz offenkundig; es zeigt sich in ihrem Sprechen und Handeln. Sie können es nicht verbergen; es ist so übermächtig, daß sich nirgendwo ein Versteck dafür findet. Es gibt aber auch Menschen, die Ruhm und Ansehen erworben haben und dabei dennoch bescheiden blieben. Sie sind allerdings Ausnahmen.

Für Menschen mit einer materialistischen Lebensweise ist Egoismus etwas ganz Natürliches. Er ist verzeihlich, denn ihnen fehlt das rechte spirituelle Verständnis. Anders bei jenen, die ihr Leben ausschließlich der spirituellen Suche geweiht haben: dies muß sich in ihrer Lebensweise spiegeln. Sie sollten demütig und ohne jedes Ego sein.

Leider kommt es vor, daß ein spirituell Strebender lernt, sein Ego zu verbergen und den Demütigen zu spielen. Er versucht zu verhehlen, daß er ein Ego hat, denn er weiß, daß er es als geistig Suchender nicht nach außen hin zeigen darf; es würde negativ aufgenommen. Zwar gilt das auch im weltlichen Leben, doch gibt es einen Unterschied: Habt ihr euch einmal als Fachleute auf einem bestimmten Gebiet einen Namen gemacht, dann werdet ihr gebraucht und könnt es euch erlauben, selbstherrlich zu sein. Euer Expertenwissen schützt euch, wenn ihr egoistisch auftretet. Selbst eure Arbeitgeber können euch nicht einfach hinauswerfen, solange sie keinen guten Ersatz gefunden haben. Im spirituellen Leben dagegen bemißt sich euer geistiger Fortschritt an der Demut, Reife und Selbstlosigkeit, die ihr an den Tag legt.

Wenn ein sogenannter spiritueller Mensch sein Ego deutlich zeigt, respektiert man ihn nicht; er erwirbt sich nur einen schlechten Ruf in der spirituellen Gemeinde. Weil ihr dies wißt, übt ihr euch darin, Zorn und alle anderen negativen Regungen zu unterdrücken und wie geistig reife Menschen aufzutreten. So verfeinert sich das Ego. Solange es sich nach außen hin zeigt, bleibt es auf einer groben Ebene, doch wenn ihr es bewußt im

Inneren verborgen haltet und euch nach außen ganz anders darstellt, wird es subtiler und damit sehr gefährlich.

Zeigt euer Ego doch! Zwar ist auch das schädlich, aber in geringerem Maße, denn wenigstens täuscht ihr die Menschen nicht. Sie erkennen euren Egoismus und sind davor gewarnt, daß ihr womöglich viel Zorn, Haß und andere negative Gefühle in euch verbergt. Sie können sich also vor euch in acht nehmen und nötigenfalls auf Distanz gehen. Was aber, wenn ihr euer Ego mit viel Geschick verhehlt und große Yogis zu sein vorgebt? Dann wird man sich ernsthaft in euch täuschen, und das läuft auf wissentlichen Betrug hinaus. Solche Heuchelei läßt sich jedoch auf die Dauer nicht aufrechterhalten. Euer Ego kann nicht lange verborgen bleiben; es wird sich wieder zeigen. Was im Inneren verborgen ist, muß sich früher oder später auch nach außen offenbaren, ganz gleich, wie sehr man das zu verhindern versucht; es ist nur eine Frage der Zeit.

So ist es oft mit Schwiegermüttern und ihren neu in die Familie gekommenen Schwiegertöchtern.[12] Am Anfang ist die Schwiegermutter äußerst liebevoll und aufmerksam zur Frau ihres Sohnes. Sie erlaubt ihr nicht, in der Küche zu arbeiten, das Haus zu reinigen oder außerhalb des Hauses zu arbeiten – als wäre sie ein Edelstein, der sorgsam vor Abnutzung geschont werden müßte. Man kann die Schwiegermutter sagen hören: ‹Meine Tochter, denke bitte nicht an Arbeit! Es sind viele andere im Haus, die arbeiten können. Setze dich nur hin und entspanne dich.› Wenn die Frau des ältesten Sohns das hört, lächelt sie bei sich, denn sie hat schon erlebt, daß dies nur eine Komödie ist; sie weiß, daß die Schwiegermutter sehr bald ihre wahre Natur zeigen wird. Genau das geschieht dann auch: Binnen einer oder zwei Wochen kann man hören, wie die bisher so liebevolle und fürsorgliche Schwiegermutter ihre Schwiegertochter anherrscht: ‹Du faules Stück! Denkst du, du seiest die Herrin im Haus? Wir sind nicht deine Diener! Geh und putze die Küche!› Das ist in indischen Familien ganz normal; manchmal ist es jedoch auch umgekehrt – dann wird

[12] In Indien leben jungverheiratete Paare gewöhnlich im Elternhaus des Ehemannes.

die ganze Familie Opfer der Schwiegertochter. In den ersten paar Wochen ist sie sanft und liebenswert, aber es dauert nicht lange, bis sie ihr wahres Wesen zeigt.

So handeln Leute, die ihr Ego verstecken, um andere für sich zu gewinnen und sie unter ihre Herrschaft zu bringen. Eine Zeitlang kann ihnen das durchaus gelingen, doch schon bald kommt das Ego zum Vorschein, und ihr wahres Wesen offenbart sich.

Wer sich die Maske eines geistig Fortgeschrittenen scheinheilig aufsetzt, weiß nicht, welch furchtbaren Schaden er anrichtet. Er führt andere irre und bereitet zugleich den Weg für seinen eigenen Untergang. Viele aufrichtige Menschen können seinem Betrug zum Opfer fallen. Wenn sie schließlich erkennen, daß sie getäuscht wurden, verlieren sie ihren Glauben und werden danach äußerst argwöhnisch gegenüber allem, was mit Spiritualität zu tun hat. Sie trauen dann auch echten Meistern nicht mehr. Denkt also an den enormen Schaden, den diese sogenannten spirituellen Führer der Gesellschaft und der ganzen Menschheit zufügen! Ein solcher Mensch hat ein sehr subtiles Ego, von dem er sich nur schwer befreien kann. Er hält sich für etwas Besonderes und ist vielleicht stolz auf die vielen Besucher, die ihn mit Lob überschütten. Man sagt ihm: ‹Sie sind so brillant und kenntnisreich! Sie reden so gut! Sie haben eine ungemein starke Ausstrahlung!› Bei so viel Lob und Bewunderung glaubt er allmählich selbst, etwas Großartiges zu sein. Diese Vorstellung wurzelt immer tiefer und wird zugleich immer subtiler. Er lernt, sie zu verbergen, und präsentiert sich als bedeutende Persönlichkeit. Es kann aber nicht lange dauern, bis sich auch außen zeigt, was im Inneren verborgen ist. Solche Leute lassen sich von anderen leicht zum Narren halten, manchmal machen sie sich sogar selbst zum Narren.»

## Die seligkeitstrunkene Mutter

Am Himmel waren Wolken aufgezogen, es sah nach Regen aus. Das Rauschen des Meeres wurde lauter, und ein starker, kühler

Wind wehte. Mutter schaute zum Himmel auf und versank sogleich in eine tiefe spirituelle Stimmung. Die Sonne war jetzt völlig von Regenwolken verdeckt. Obwohl erst halb zwölf Uhr vormittags, schien es, als würde sich die Nacht herabsenken. Bald setzte ein leichter Nieselregen ein. Gayatri brachte einen Schirm aus Mutters Zimmer und hielt ihn schützend über sie. Die Brahmacharins harrten bei ihr im Regen aus. Im Handumdrehen goß es in Strömen, doch Mutter blieb, wo sie war, und schaute weiter in den Himmel.

Nach einigen Minuten stand sie auf, trat hinaus in den Regen und begann wie ein Kind zu spielen. Sie sprang umher und tanzte im Kreis. Bisweilen blieb sie im strömenden Regen stehen, um den Himmel zu betrachten. Sie stellte sich mit ausgestreckten Armen und zum Himmel gerichteten offenen Handflächen hin, als wollte sie die Regentropfen mit den Händen fangen. Alle Ashrambewohner standen dabei und sahen der freudigen Szene zu.

Mutter war längst völlig durchnäßt; Gayatri stand mit dem gefalteten Regenschirm hilflos neben ihr. Plötzlich legte Mutter ihre Handflächen über dem Kopf zusammen, drehte sich im Kreis und rezitierte dabei folgende Verse:

Anandam Saccidanandam
Anandam Paramanandam
Anandam Saccidanandam
Anandam Brahmanandam

Glückseligkeit reinen Seins und Bewußtseins
Glückseligkeit höchster Seligkeit
Glückseligkeit reinen Seins und Bewußtseins
Glückseligkeit des Absoluten, ungeteilte Seligkeit

Nach diesem Lied drehte sich Mutter noch lange weiter im Kreis. Ihre Handflächen waren noch immer über dem Kopf zusammengelegt, und ihre Augen blieben geschlossen. Sie ließ keine Anzeichen von Körperbewußtsein erkennen; offenbar befand sie sich in einer anderen Welt. Ihr Gesicht leuchtete verzaubert, und um ihre

Lippen spielte ein anmutiges, göttliches Lächeln. Während sie ihren Tanz fortsetzte, trommelte der Regen auf ihr schwarzes, wallendes Haar und floß an ihren Wangen herab.

Allgemeine Ratlosigkeit verbreitete sich. Jemand schlug vor, Mutter ins Haus zu tragen, aber Brahmachari Nealu meinte, es sei nicht gut, sie zu berühren, solange sie sich in diesem entrückten Zustand befinde. Während sie berieten, was zu tun sei, beendete Mutter ihren Tanz und legte sich auf den Boden, der inzwischen eine große, schlammige Pfütze geworden war. Auch als sie reglos im Regen lag, leuchtete ihr Gesicht weiter in spirituellem Glanz.

Es regnete mit unverminderter Heftigkeit weiter; die Brahmacharins machten sich immer größere Sorgen. Gayatri saß neben Mutter auf dem durchnäßten Boden und bemühte sich, sie mit dem Schirm zu schützen. Sie drängte darauf, Mutter ins Haus zu tragen. Schließlich fand ihr Vorschlag allerseits Zustimmung und wurde ausgeführt.

Sobald Mutter in ihr Zimmer gebracht worden war, bat Gayatri alle anderen, den Raum zu verlassen, damit sie Mutter aus ihren nassen Kleidern helfen könne. Alle gingen hinaus, die Tür wurde geschlossen. Mutter blieb noch lange in *samadhi* versunken.

Was ist über eine solch rätselhafte Persönlichkeit zu sagen, die sich jetzt als großer Meister zeigt, im nächsten Moment als unschuldiges Kind, und die dann wieder Augenblicke später in den höchsten *samadhi* gleitet?

> Ein Mensch, der ständig in Brahman versunken ist, befreit vom Glauben an die Wirklichkeit äußerer Gegenstände, an denen er sich nur scheinbar erfreut, wenn sie von anderen angeboten werden; der einem Schläfrigen oder einem kleinen Kind gleicht; der die Welt wie einen Traum erlebt und sie, wenn überhaupt, nur dann und wann wahrnimmt – ein solcher Mensch ist äußerst selten. Er genießt die Früchte zahlloser guter Taten; er ist wahrhaft gesegnet und verehrt auf Erden.
>
> Vivekachudamani

# Kapitel 13

# Göttlichkeit kann man nicht nachahmen

Mutter saß in dem kleinen Zimmer, das als Bibliothek diente. Noch einmal kam die Frage nach dem subtilen Ego auf. Ein Brahmacharin fragte: «Amma, im Zusammenhang mit dem verfeinerten Ego eines spirituellen Menschen sagtest du gestern, solche Leute handelten manchmal wie Narren. Wie können sie sich soweit vergessen?»

Mutter: «Wieso nicht? Wenn man sich von seinem Verlangen nach Ruhm und Bewunderung fortreißen läßt, handelt man manchmal närrisch, denn wenn das Gemüt unter dem Bann einer fixen Idee steht, geht jede Unterscheidungskraft verloren. Das Denken büßt seine Klarheit ein, und man wird leicht zum Spielzeug in den Händen anderer. Der Wunsch, als große Persönlichkeit angesehen zu sein, bewundert und gepriesen zu werden, raubt euch eure Spontaneität und Natürlichkeit. Ihr glaubt allmählich, es sei wahr, was man über euch sagt, und ihr müßtet euch diesem Bild entsprechend verhalten, sonst würdet ihr nicht als bedeutend angesehen. So macht man sich letztlich zum Narren. Wen die Bewunderung durch andere dermaßen hypnotisiert, dem nützt auch der beste Rat nichts: er kann die Wahrheit nicht mehr sehen.

Kennt ihr die Geschichte von Paundra Vasudeva, der vorgab, Krishna zu sein? Paundra war zu der Zeit, als Krishna in Dwaraka regierte, König des Landes Karurusha. Er ging allzusehr in seiner Rolle als König auf und sehnte sich zutiefst danach, von seinen Untertanen verehrt und angebetet zu werden. Der König von Kashi und er standen Krishna feindlich gegenüber; sie waren neidisch auf dessen Ruhm und auf die tiefe Verehrung, die das Volk ihm erwies. In seinem heftigen Verlangen nach Ruhm und Anerkennung heckte Paundra mit Unterstützung des Königs von Kashi einen hinterhältigen Plan aus. Sie verkündeten öffentlich, der in Dwaraka lebende Krishna sei ein Betrüger und nicht die wirkliche Inkarnation Vishnus. Der wahre Krishna und echte Avatar Vishnus sei kein anderer als Paundra selbst.

Als die Leute dies hörten, sagten sie, wenn ihr König Paundra die wahre Inkarnation Vishnus sei, dann müsse er auch in seinen vier heiligen Händen die göttlichen Insignien tragen: Muschelhorn, Diskus, Keule und Lotosblume. Daraufhin ließ Paundra, der schon begonnen hatte, sich wirklich für Krishna zu halten, an bestimmten Tagen zwei hölzerne Arme an seinen Schultern anbringen, so daß es aussah, als habe er vier Arme wie Vishnu. Er trug dabei auch Imitationen der göttlichen Insignien. Paundra ließ sich von seinem eigenen Blendwerk so weit mitreißen, daß er sogar einen hölzernen Garuda schnitzen ließ.[13] Nur konnte der Adler leider nicht fliegen, statt dessen wurde er auf dem königlichen Prunkwagen befestigt. Paundra befahl seiner Gemahlin, sich als Göttin Lakshmi auszustaffieren. So ließen sich die beiden, auf dem hölzernen Garuda sitzend, durch die Stadt fahren, wobei sie das Volk huldvoll segneten. Paundra machte sich damit zum Gespött des Landes. Viele dachten, er sei verrückt geworden.

Die Krishnaverehrer unter Paundras Untertanen waren erbost über die unverschämte, selbstherrliche Anmaßung ihres Königs. Sie wagten zwar keine offene Kritik, aber immer wenn er auf seinem grotesken Wagen öffentlich auftrat, machten sie sich mit lauten Bemerkungen über ihn lustig. Sie riefen zum Beispiel: ‹Seht, unser König sieht wahrhaftig aus wie Krishna! Er sollte eine Krone mit aufgesteckter Pfauenfeder tragen und eine Flöte in seinen wunderschönen Händen halten. Und stellt euch vor, wie bezaubernd er aussähe, wenn er eine dunkelblaue Hautfarbe hätte! Er sollte sich auch alle göttlichen Waffen geben lassen, die der falsche Krishna in Dwaraka trägt. Dieser hat ohnehin kein

---

[13] Der göttliche Adler Garuda ist das *vahana* (Tragetier), auf dem Vishnu reitet.

Recht darauf. Schließlich gehören sie ihm nicht, der wahre Eigentümer ist unser König, der große Paundra Vasudeva!›

Jedesmal wenn Paundra ausfuhr, hörte er solche Reden, sogar ihm ganz nahestehende Personen – die königliche Familie und alle seine Höflinge – schlossen sich dem an. Davon ließ sich der König derart berauschen, daß er sich blau bemalte und sich wie Sri Krishna kleidete. Er trug fortan genau wie Krishna eine Flöte bei sich, obwohl er ihr keinen einzigen Ton entlocken konnte. Schließlich war er felsenfest überzeugt, er sei wirklich Vishnu oder Krishna. Manchmal hielt er sich für Vishnu und dann wieder für Krishna.

Das Drama war jedoch noch nicht vorüber. Im Glauben, seine Untertanen sprächen die Wahrheit, wollte er auch Krishnas göttliche Waffen erwerben. Zu diesem Zweck sandte er einen Kurier mit folgender Botschaft nach Dwaraka: ‹Kuhhirt, du bist ein Betrüger. Händige mir die göttlichen Waffen einschließlich des allgewaltigen Diskus aus, deren rechtmäßiger Besitzer ich bin als wahrer Krishna und wahre Inkarnation Vishnus – oder sei bereit, auf dem Schlachtfeld den Tod zu finden!›

Als Krishna die Botschaft empfing, sagte er: ‹Sehr gut. Aber ich möchte ihm die Waffen gern persönlich übergeben. Bitte Paundra, hierherzukommen und sie in Empfang zu nehmen.› Sri Krishna wollte dem tollkühnen König eine gute Lehre erteilen.

Paundra machte sich, als Vishnu gekleidet, mit seinem ganzen Heer zu dem vereinbarten Treffpunkt auf. Er war bereit, nötigenfalls zu kämpfen. Als er mit seinen Truppen eintraf, wartete Sri Krishna bereits auf ihn. Sobald Paundra ihn erblickte, rief er mit lauter Stimme: ‹Du Schwindler! Versuche nicht, mich zu übertölpeln! Übergib die göttlichen Waffen und den Zauberdiskus, oder du bist des Todes!› In der darauffolgenden Schlacht vernichtete Krishna Paundras ganze Armee. Als alles vorbei war, sprach Sri Krishna, den Zauberreifen mit dem Zeigefinger haltend, mit schalkhaftem Lächeln: ‹Ich bin nur gekommen, Paundra, um dir diese Waffe zu geben. Da kommt sie. Nimm sie, sie gehört dir!› Mit diesen Worten löste Krishna den Diskus von seinem Finger. Ihr könnt euch denken, was geschah: Er trennte Paundra den Kopf vom Körper, und dieser fiel tot zu Boden. So machte Krishna, der vollkommene Meister, die närrische Ruhmsucht und Selbstverherrlichung des Königs zunichte und befreite ihn von seinem selbstgeschaffenen Ego.»

Frage: «Heißt das, daß nur ein vollkommener Meister, der über Gemüt und Ego steht, einen Menschen aus den Klauen seines subtilen Egos erlösen kann?»

Mutter: «Ganz richtig. Um in das feinere Ego einzudringen, bedarf es einer außerordentlich wirksamen Waffe wie des göttlichen Diskusses. Diese Waffe steht unter alleiniger Kontrolle des vollkommenen Meisters. Es ist die Waffe der wahren Erkenntnis, die Waffe der Allwissenheit, Allmacht und Allgegenwart des Meisters.

Wer unsinnig nach Ruhm, Macht und Ehre giert, will letztlich die ganze Welt an sich raffen. Er büßt den Wirklichkeitssinn soweit ein, daß er imstande ist zu erklären: ‹Ich stehe über allem, also steht mir alles zu.› Jede Unterscheidungsfähigkeit geht ihm verloren, seine Gedanken an Macht und Selbstverherrlichung umwölken sein Gemüt vollkommen.

Derart verblendete Menschen vergessen meist auch Gott. In ihrem überspannten Drang, verehrt und bewundert zu werden, fordern sie manchmal Gott heraus. Doch wenn sie dies wagen, bedeutet es, daß sie sich bald selbst bloßstellen.

Göttlichkeit kann man nicht leihen oder nachahmen; göttliche Liebe und andere göttliche Eigenschaften lassen sich nicht imitieren.

# Kapitel 14

In dieser Nacht fand das große Fest *Tiruvatira* statt, das man in ganz Kerala feiert zum Lobe Shivas und Parvatis, die in Indien als Vater und Mutter der Welt verehrt werden. Am Tag des *Tiruvatira* fasten die verheirateten Frauen in Kerala und beten für das Wohlergehen ihrer Ehemänner. Dazu gehört auch der Brauch, die Nacht mit Gebet und Gesang zur Ehre von Shiva und Parvati zu verbringen.

Eine Gruppe älterer Frauen aus dem Dorf und einige im Ashram lebende Frauen standen im Kreis auf dem Vorhof des Tempels. Sie wollten die Festlichkeit mit dem *Tiruvatirakali* einleiten, einem uralten Volkstanz der Frauen von Kerala.

Sämtliche Ashrambewohner saßen vor dem Tempel. Mutter hatte, umgeben von einem Dutzend Kindern, unter dem Mailanchy-Baum Platz genommen. Einige von ihnen kamen aus der Nachbarschaft, andere waren Kinder von Devotees. Mutter war zum Spielen aufgelegt; Lachen und angeregte Unterhaltung klangen aus ihrer Richtung herüber. Was Mutter tat, zog viel mehr Interesse auf sich als der Tanz. Doch obwohl alle Augen auf sie gerichtet waren, wahrten die Zuschauer unwillkürlich Abstand: Sie wollten sich in die schöne Szene der mit den Kindern spielenden Mutter nicht störend einmischen.

Die älteren Frauen begannen nun mit dem traditionellen Tanz und Gesang. Sie sangen *Thirukathakal Padam:*

O Göttin Durga,
o Kali,
befreie mich von meinem schweren Los.
Tagtäglich bete ich,
daß ich Dich schauen möge.

Laß mich Deine heiligen Taten singend rühmen,
gewähre mir ein Gnadengeschenk
und halte, wenn ich Deinen Lobpreis singe,
bitte Einzug in mein Herz.

O Du Essenz der Veden,
ich verstehe mich nicht auf Meditation,
und mein Gesang hat keine Melodie.
Sei mir geneigt,
laß mich in Seligkeit aufgehen.

Du bist Gayatri,
Du bist Ruhm und Erlösung,
Katyayani, Haimavati und Kakshayani[14],
Du bist die Seele der Gotterkenntnis
und meine einzige Zuflucht.

O Devi,
gib mir die Macht,
über das Wesentliche zu sprechen.
Ich weiß, ohne Dich,
die Verkörperung des Alls,
existierte auch Shiva nicht,
der Urgrund des Seins.

## Dies ist ‹Das›

Das Tempo des Gesangs wurde immer schneller. Nun erhob sich Mutter von ihrem Platz bei den Kindern und ging zu den tanzenden Frauen. Sie sah sehr angeregt aus und schien von göttlicher Seligkeit trunken, als sie sich dem Reigen anschloß. Ihr unschuldiger Gesichtsausdruck gab ihr unter den Tänzerinnen

[14] Namen der Göttin.

das Aussehen eines göttlichen Kindes. Die Frauen waren überglücklich, daß Mutter an ihrem Tanz teilnahm.

In einer Phase des Tanzes bildeten zwei einander gegenüberstehende Frauen ein Paar und klatschten einander in die Hände. Die in eine andere Welt entrückte Mutter tanzte noch immer, aber auf ihre eigene glückselige Weise. Ihre Augen waren geschlossen, und ihre Hände formten heilige *mudras*. Nachdem sie eine Weile mit den Frauen getanzt hatte, trat sie ins Zentrum des Kreises, wo sie selbstvergessen weitertanzte, während die Devotees ein Lied zu Ehren der Göttin Parvati sangen.

Nach einiger Zeit hörte Mutter auf zu tanzen und blieb still stehen. Ihre ganze Gestalt und ihr Gesicht strahlten ein himmlisches Leuchten aus; sie sah nun genauso aus wie beim Devi Bhava. Es war offenkundig, daß ihr entrückter Zustand noch anhielt. Die Devotees tanzten und sangen weiter, ein Lied nach dem anderen, bis Mutter sich schließlich auf den Boden setzte, noch immer tief in sich versunken.

Die Devotees vermuteten, daß Mutter sich auf die Gefühlslage der Göttin Parvati eingestimmt habe. Wer weiß? Vielleicht offenbarte sie diese Stimmung zum Wohle der Devotees. Einer mit dem höchsten Brahman eins gewordenen Seele ist nichts unmöglich. Sie kann jederzeit jeden beliebigen Aspekt des Göttlichen offenbaren.

Als Mutter schließlich in ihren normalen Zustand zurückkehrte, fragte ein Devotee: «Amma, es kam uns so vor, als seiest du in den Bewußtseinszustand der Göttin Parvati eingetreten?» Mutter deutete auf sich und dann nach oben, als sie antwortete: «Dies ist Das.» Nach einer Pause fuhr sie fort: «Dies ist Das, ob es uns offenbar ist oder nicht. Verwechselt Amma nicht mit ihrem Körper. Der Körper ist nur eine Hülle. Hinter der Hülle liegt die Unendlichkeit.»

Der unbegreifliche Ausdruck auf Mutters Gesicht und die Worte, die sie sprach, schienen unmittelbar von der höchsten Bewußtseinsebene zu stammen. Mutter hatte – unschwer erkennbar – indirekt bestätigt, daß sie sich im göttlichen Zustand Parvatis befand. Die Tragweite dieser Feststellung bewegte alle Zuhörer aufs tiefste.

# Vom Wert weiblicher Eigenschaften

Einige Minuten herrschte Schweigen, dann konnte ein Besucher seinem Drang, eine Frage zu stellen, nicht länger widerstehen: «Amma, ich habe gehört, es gebe zwei Arten von Schülern, die überwiegend intellektuellen und diejenigen mit einem eher weiblichen Wesen. Ich habe das, glaube ich, nicht richtig verstanden. Könntest du es mir bitte erklären?»

Mutter: «Ohne Liebe, Hingabe und eine Offenheit, die für das wahre Wissen eines echten Meisters empfänglich macht, ist spirituelle Verwirklichung nicht zu erreichen. Ein seiner Wesensart nach vom Intellekt beherrschter Wahrheitssucher muß sich daher bemühen, einen Ausgleich zwischen Herz und Verstand zu schaffen. Er muß den Meister innig lieben, und zugleich sollte er dessen allwissendes Wesen richtig verstehen.

Ein stark dominierender Intellekt kann zu einem Ungleichgewicht führen, das euch egoistisch macht. Der Intellekt folgert logisch. Er kann nur zergliedern und sezieren, aber nicht zusammenfügen. Er fördert nicht das Wachstum von Glauben und Liebe, den entscheidenden Faktoren für die innere Entwicklung des geistig Suchenden. Zuviel Intellekt nützt dem Suchenden keineswegs, denn er breitet sich auf Kosten von Liebe und Verehrung für den Meister aus. Ohne Liebe und eine Haltung der Selbsthingabe und Demut könnt ihr jedoch vom Meister kein echtes Wissen erlangen.

Ein stark intellektbetonter Strebender unterwirft sich wohl kaum einer Disziplin, solange ihn kein allmächtiger Meister an die Hand nimmt. Nur ein vollendeter Meister vermag sein Ego zu brechen und die wahre Essenz, sein wirkliches Wesen, zum Vorschein zu bringen. Der Schüler kann dann nach außen hin seine intellektuellen Fähigkeiten beibehalten, doch innerlich ist er von tiefer Liebe und Hingabe erfüllt. Die beiden Qualitäten befinden sich dann in vollendetem Gleichgewicht.

Wenn der Meister sich des Egos angenommen hat, wird es nützlich für die Welt. Der Schüler wird feinfühliger und harmonischer. Mit der Gnade des Meisters kann er dann sein Ego gut beherrschen.

Wenn das Ego auf diese Weise völlig unter Kontrolle gebracht wurde, handelt der Schüler nur noch im Namen des Meisters. Der Meister wirkt durch ihn, er selbst spielt keine Rolle bei seinem Handeln. Seine Haltung ist: ‹Ich bin nur ein Werkzeug, mein allmächtiger Meister handelt durch mich.› Er schreibt alles dem Meister zu und rechnet sich selbst keinerlei Verdienst an. Zugleich besitzt er Unternehmungslust, außerordentlichen Mut und die Fähigkeit, scheinbar unmögliche Aufgaben zu übernehmen und erfolgreich abzuschließen.

Doch nur ein Satguru kann das Ego des Schülers durchbilden, formen und umgestalten. Wenn der Sucher auf sich selbst gestellt ist oder von einem unvollkommenen Guru angeleitet wird, tritt das Unausgewogene seines Wesens nur noch deutlicher hervor; das wiederum schädigt andere und die ganze Gesellschaft. Bald will er selbst ein Guru werden. Ihr könnt dann sehen, wie er seinen eigenen Schülerkreis um sich zu scharen versucht und seinen eigenen Ashram aufbaut.

Hanuman, der große Verehrer Ramas, stellt eine harmonische Mischung männlicher und weiblicher Eigenschaften dar. Er tat alles im Namen Ramas, seines geliebten Herrn, und beanspruchte keine Anerkennung für sich. Obwohl Hanuman die schwierigsten Aufgaben erledigte, war er nie stolz auf seine Erfolge. Er blieb vielmehr der demütige und gehorsame Diener seines Herrn Rama. ‹Nicht durch meine Macht und Stärke, sondern durch Ramas Gnade› – darin drückt sich Hanumans unwandelbare Gesinnung aus.

Schüler mit weiblichen Eigenschaften sind ganz anders. Sie wollen nicht in die Welt gehen und missionieren, auch liegt ihnen nichts an Beachtung und Anerkennung. Sie sorgen sich nicht einmal um ihre Selbstverwirklichung. Ihr einziger Wunsch ist, in der Nähe des Meisters sein und ihm dienen zu dürfen. Das ist ihr *tapas*, ihr spiritueller Weg. Für sie existiert keine höhere Wahrheit als ihr Meister. ‹Mein Meister, meine Welt, mein Alles›, das ist ihre Haltung. Das Herz eines solchen Schülers ist von Liebe und Treue zu seinem Meister erfüllt. Diese Beziehung ist nicht durch Logik und Vernunftgründe zu erklären. Sie ist nur der Liebe der *gopis* zu Krishna vergleichbar: Liebe, Liebe, Liebe und Liebe, überströmende Liebe. Nichts anderes ist ihnen wichtig.»

Mutter erzählte dann eine Geschichte über einen Jünger Buddhas:

«Eines Tages verschwand einer der Jünger Buddhas; man konnte ihn nirgends finden. Sieben Tage vergingen, und noch immer wußte niemand, wo er war. Eines Tages fand Buddha ihn dann auf dem Dach des Ashrams. Buddha wußte, daß er dort lag und daß der Jünger die Erleuchtung erlangt hatte. Er nahm ihn bei der Hand und sagte: ‹Ich weiß, daß du *nirvana* erlangt hast.›

Der Jünger antwortete: ‹Geliebter Meister, ich weiß, daß es geschehen ist und brauche keine Bestätigung von Euch. Ich fürchte mich sogar vor dieser Bestätigung, weil Ihr mir als nächstes auftragen werdet: ‹Da du nun *nirvana* erlangt hast, geh hinaus, predige und verbreite die Botschaft der Wahrheit in aller Welt.› Davor fürchte ich mich, Herr, weil ich viel lieber als Unwissender in deiner Nähe bliebe, als vollkommen erleuchtet in die Welt hinauszugehen.›

Dies ist die Haltung eines Schülers mit weiblichen Eigenschaften. Er ist seinem Meister immer in tiefer Liebe verbunden. Ein solcher Schüler ist so sehr von Liebe zum Meister erfüllt, daß er immer bei ihm bleiben will. Darin liegt die Erfüllung seines Lebens und seine höchste Verwirklichung.»

## Der Meister ist alles – und steht jenseits von allem

Frage: «Amma, du sagtest, sich in reiner Demut vor dem Meister zu verbeugen käme einer Verbeugung vor allem Sein gleich. Würdest du uns bitte erklären, was du damit meinst?»

Mutter: «Nur wenn ihr euch wirklich vom Ego befreit, könnt

ihr euch wahrhaft demütig vor aller Schöpfung verbeugen. Wenn kein Ego vorhanden ist, geht ihr über die Begrenzungen des Gemüts hinaus und werdet das alldurchdringende Selbst. Seht ihr erst einmal alles als euer eigenes Selbst an, dann könnt ihr euch nur noch verbeugen und ja sagen. Über das Ego hinauszugehen bedeutet, zu nichts zu werden. Zugleich bedeutet es, wie der freie Raum alles zu werden, die ganze Schöpfung.

Als Krishna noch ein Kind war, spielte er einmal mit seinen Freunden. Sie dachten sich alle möglichen Spiele aus, wie kleine Kinder es tun, und waren sehr vergnügt. Dazu gehörte ein gemeinsames Essen. Ein Kind servierte den anderen eine Mahlzeit aus Sand, die ein Reisgericht vorstellte. Sie sollten natürlich nur so tun, als äßen sie, aber Krishna aß den Sand tatsächlich. Sein älterer Bruder Balaram und andere Kinder liefen sogleich zu Yashoda, Krishnas Pflegemutter, und berichteten ihr davon. Yashoda packte Krishna am Arm und hieß ihn den Mund öffnen, doch was erblickte sie da? Sie sah in seinem Mund die ganze Erde, sie sah Sonne, Mond und Sterne, die Milchstraße und alle Galaxien. Sie sah Berge, Täler, Wälder, Bäume und Tiere. Yashoda erblickte in Krishna den ganzen Kosmos.

Ähnlich zeigte sich Krishna in seiner kosmischen Gestalt, als Arjuna ihn darum bat. Es geschah vor der Schlacht von Kurukshetra, als Krishna Arjuna die große Lehre der Bhagavad Gita übermittelte. Arjuna sah damals das ganze Universum in Krishna. Er nahm im Körper des Herrn sogar die Streitkräfte der Pandavas und Kauravas wahr.

Was dies bedeutet? Es bedeutet, daß ein wahrer Meister das ganze Universum in sich birgt. Krishna war ein echter Meister, und ein echter Meister ist Gott. Sein Bewußtsein ist eins mit dem universellen Bewußtsein. Es ist dasselbe Bewußtsein, das durch alle Schöpfung strahlt. Ein Meister dieses Ranges hat unzählige Körper, unzählige Augen. Er sieht, hört, riecht, ißt und atmet durch jeden Körper, er ist die Unendlichkeit selbst. Sich einem solchen Meister in vollkommener Demut anzuvertrauen heißt, sich der Gesamtheit des Seins hinzugeben und sich vor der ganzen Schöpfung zu verbeugen.

In diesem Zustand erkennt ihr, daß nichts von euch verschieden oder getrennt ist. Sich vor allem Sein verbeugen heißt, alles zu bejahen. Ihr hört dann auf, gegen bestimmte Lebenslagen anzukämpfen. Man kämpft und quält sich nur, solange man ein Ego hat, solange man sich mit dem Körper identifiziert. Schüttelt ihr aber die Fesseln des Egos ab, so ist kein Kampf mehr möglich. Dann könnt ihr nur noch ja sagen.

Ein Egozentriker hält alle anderen für dumme Narren, ein wahrer *Mahatma* betrachtet dagegen jeden Menschen als Teil seiner selbst. Wer das Selbst verwirklicht hat, kann nichts ablehnen – er kann nur bejahen. Der Raum akzeptiert alles, der Ozean akzeptiert alles, und wenn ihr so weit werdet wie die Welt, hat alles und jedes in euch Platz. Wenn Gemüt und Ego vergehen, werdet ihr Unendlichkeit.

Raum und Natur nehmen die von Fabriken verschmutzte Luft genauso auf wie den süßen Duft von Blumen. Sie akzeptieren alles bereitwillig. So bejaht auch ein wahrer *Mahatma* gleicherweise alles Negative wie Positive. Er heißt jeden Menschen willkommen, er akzeptiert alle; aus bedingungsloser Liebe und unendlichem Mitgefühl spendet er nur Segen und Gnade.

Kennt ihr diese Geschichte? Einmal bekam ein unverheiratetes Mädchen aus einem Dorf ein Kind. Zuerst weigerte sie sich zu sagen, wer der Vater sei, doch nach fortgesetztem Drängen nannte sie schließlich einen hochangesehenen spirituellen Meister, der am Dorfrand lebte. Die Eltern des Mädchens stürmten, gefolgt von anderen Dorfbewohnern, zu dem Meister, beschimpften ihn, schlugen ihn und beschuldigten ihn, ein großer Heuchler zu sein. Sie übergaben ihm das Baby und forderten ihn auf, sich darum zu kümmern. Der Meister nahm das Kind in seine Arme, schaute es liebevoll an und sagte: ‹Sehr gut. So sei es.› Von da an betreute der *Mahatma* das Kind mit großer Fürsorge; er behandelte es mit der Liebe und Zärtlichkeit einer Mutter. Der Ruf des Meisters war ruiniert, und alle Dorfbewohner sowie seine eigenen Schüler mieden ihn. Dennoch sagte der Meister, auch nachdem alle ihn verlassen hatten, gelassen: ‹Sehr gut. So sei es.› Ein Jahr verging. Die Mutter des Kindes wurde von Gewissensbissen gequält. Schließlich gestand sie, daß nicht der Heilige, sondern der junge Mann von nebenan Vater des Kindes sei. Ihre Eltern, die Dorfbewohner und die Schüler waren von Reue erfüllt. Sie gingen zusammen zu dem *Mahatma*, fielen ihm zu Füßen und baten ihn um Vergebung. Sie baten ihn auch, das Kind zurückzugeben. Der *Mahatma* lächelte gleichmütig, als er ihnen das Kind übergab. Er segnete alle und war auch damit einverstanden: ‹Sehr gut. So sei es.›

Dies ist die Haltung eines wahren *Mahatmas*. Er verbeugt sich vor dem, was ist. Es widerspräche seinem Wesen, irgend etwas zurückzuweisen. Er sagt nie nein zum Leben oder zu irgendeinem Geschehnis. Er bejaht alles, was das Leben ihm bringt. Er verdammt nicht und übt keine Vergeltung, er verzeiht und segnet nur.

Mit Ausnahme der Menschen ist die ganze Schöpfung dem Schöpfer dankbar für die unendlichen Segnungen, mit denen er sie überschüttet. Tiere und Vögel verbringen ihr Leben in Dankbarkeit. Kein Wesen, ob es dem Pflanzenreich oder dem Tierreich angehört, weicht von seiner eigenen Natur ab, doch die angeblich vernunftbegabten Menschen brechen die Gesetze und stören die Harmonie der Natur. Sie bringen das Leben anderer Wesen und anderer Schöpfungssphären in Unordnung.

Gott hat den Menschen überreich gesegnet, doch dieser verwandelt allen Segen in einen Fluch. Das Leben ist ein wunderbares Geschenk. Unser Verstand, unser Körper, unsere Gesundheit, unser Wohlstand – sie alle sind Segnungen Gottes. Aber was machen wir aus diesen Segnungen? Wir gebrauchen unsere Hände, um Unrecht zu tun, unsere Beine, um an üble Orte zu gehen, unsere Augen, um Häßliches anzusehen; mit unserem Verstand machen wir unrechte Pläne und denken schlecht über andere; wir nutzen unseren Intellekt, um zerstörerische Dinge zu erfinden; unseren Besitz verwenden wir zu eigensüchtigen Zwecken. Wir haben das Leben zu einem Fluch für uns selbst und für andere gemacht.

Einmal kamen alle Geschöpfe zu Brahma, ihrem Schöpfer. Sie hatten den tiefen Wunsch, dem Leid und Kummer des Lebens zu entfliehen. Das Schwein trat als erstes vor. Tränen flossen ihm übers Gesicht, als es dem Herrn sein Anliegen vortrug: ‹O Herr der Schöpfung, gibt es einen Ausweg aus diesem Leiden? Gibt es irgendeine Hoffnung für mich und mein Geschlecht?› Der Schöpfer nickte bejahend und antwortete: ‹Ja, mein Kind, gewiß!› Als nächstes kamen der Ochse, der Hund und der Elefant. Sie alle weinten und stellten dieselbe Frage, und allen erwiderte der Schöpfer: ‹Für euch alle gibt es Hoffnung.› Dann trat der Mensch mit derselben Bitte hervor. Brahma schaute ihn an, und unversehens brach der Schöpfer selbst in Tränen aus.»

Stürmisches Gelächter setzte ein. Als es sich legte, fuhr Mutter fort: «Heute ist *Tiruvatira*. Da sollten wir Shiva und Parvati ehren. Laßt uns jetzt singen und tanzen!» Aus einer Anwandlung von entflammter Gottesliebe stimmte Mutter dann spontan ein Lied an. Alle anderen fielen voller Liebe und Begeisterung ein. Das Lied, *Indukaladhara*, preist Shiva und Parvati. Mutter wiederholte den Refrain mehrmals in schnellem Tempo.

Shambho Shankara Shambho Shankara
Shambho Shankara Shiva Shambho

O Shiva,
Du trägst die Mondsichel auf deinem Haupt,
Du hältst die heilige Ganga
in Deinen Haarsträhnen.
Dein Leib ist mit Schlangen geschmückt,
und Du verströmst himmlischen Duft.
O höchster Herr,
ich verbeuge mich
zu Deinen heiligen Füßen.

O Herr,
Urgrund des Seins,
Du liebst und schützt Deine Verehrer.
O großer Gott,
Gewährer glückverheißender Gaben,
Träger des Dreizacks,
auch die Himmlischen
huldigen Deinen Füßen.

O Befreier von aller Mühsal,
Shambho Shankara...

O Herr der Welt!
Ich nehme Zuflucht zu Deinen Füßen.
O Herr, Geliebter der Parvati,
Mitfühlender,
nimm mir meine endlosen Sorgen
und gewähre mir Zuflucht zu Deinen Füßen.

Das gemeinsame Singen ließ eine ekstatische Freude aufkommen. Irgendwann erhob sich Mutter und begann zu tanzen. Auch alle anderen standen auf und bildeten einen Kreis um Mutter; dabei klatschten sie in die Hände und sangen laut. Bei den Worten *Shambho Shankara Shambho Shankara...* bewegten sie sich sanft im Rhythmus um Mutter, die glückselig in der Mitte des Kreises weitertanzte.

Mit einem großen Meister zusammenzuleben ist eine unbeschreibliche Erfahrung. Es gleicht einem fortdauernden Fest. Das Sanskritwort für Fest ist *utsavam*. Ursprünglich hieß es *utsravam*, was ‹aufsteigen und fließen› oder ‹überströmen› bedeutet. Alle Feste versinnbildlichen das Überfließen reiner Glückseligkeit und reinen Bewußtseins, die Tempelfeste darüber hinaus das Überströmen spiritueller Energie und Seligkeit. Die in einem Tempel durch Gebet, Meditation, rituelle Gottesverehrung und Gesang erzeugte spirituelle Energie durchdringt das ganze Tempelgelände. Sie stockt nicht an den Außenmauern, sondern strömt über in das Dorf oder die Stadt, wobei die ganze Umgebung geläutert wird. Das ist der eigentliche Sinn der jährlich stattfindenden Tempelfeste.

In Mutters Gegenwart geschieht dies ununterbrochen, denn ihre Anwesenheit bewirkt einen nie endenden Strom göttlicher Energie, die von ihr in die Herzen ihrer Devotees fließt. Sie erfahren diese göttliche Kraft, wenn sie sich ihr öffnen. Dies geschieht jetzt, und es geschieht ständig.

Das Tanzen und Singen ging weiter, bis Mutter plötzlich den Kreis durchbrach und zum südlichen Rand des Ashrams ging, dorthin, wo er an die Backwaters grenzt. Die Frauen beendeten ihren Tanz so abrupt, als wäre das Licht ausgeschaltet worden. Alle wandten sich um und wollten sehen, was Mutter dort vorhätte, doch niemand folgte ihr, weil sie den Eindruck vermittelt hatte, allein sein zu wollen. Ein älterer Brahmacharin forderte die Anwesenden auf, zu gehen und zu Hause zu meditieren. Innerhalb weniger Minuten hatte sich alles zerstreut, und die Nacht verging mit Meditation und Gebet.

# Kapitel 15

# Sollen wir uns an die Person des Gurus binden?

Mutter beantwortete die Frage eines Devotees aus dem Westen.

Frage: «Amma, manche Leute hängen ungemein an deiner äußeren Erscheinung. Sie lieben dich so sehr, daß sie sich aus tiefstem Herzen danach sehnen, in deiner Nähe zu sein. Andere sind dagegen frei von solcher Anhänglichkeit, obwohl sie sich aufrichtig nach Gottverwirklichung sehnen. Sie lieben dich, aber sie meinen, sich an deine Person zu klammern, werde nur Leid bringen, deshalb halten sie sich fern. Amma, ich frage mich, ob eine tiefe Bindung an die körperliche Erscheinung des Meisters absolut notwendig ist oder ob die Sehnsucht nach Gottverwirklichung ohne diese Bindung genügt?»

Mutter: «Der wichtigste Wesenszug eines wahren *sadhaka* ist eine Haltung vollkommener Selbsthingabe und die Bereitschaft, alles, was ihm beschieden, anzunehmen. In den Anfangsstadien spiritueller Entwicklung fällt es schwer, sich hinzugeben und alles zu akzeptieren, insbesondere wenn niemand euch anleitet, zu dem ihr als Vorbild aufschauen könnt. Man sollte zumindest den Willen haben, sich hinzugeben. Dennoch kann immer Verwirrung darüber aufkommen, wem man sich hingeben soll, worin die Hingabe besteht und wie man es macht. Bevor ihr Selbstverwirklichung erlangt, habt ihr nur eine vage Vorstellung von den vielfältigen Aspekten der Spiritualität. Euer unstetes, argwöhnisches Gemüt läßt immer neue Zweifel aufkommen. Wenn euch niemand anleitet, könnt ihr leicht die Orientierung verlieren und in die Irre gehen, und dann wißt ihr nicht, an wen ihr euch wenden sollt. So ist es von Anfang an unerläßlich, einen wahren Meister zu finden, eine Person, mit der ihr in persönlichen Kontakt treten und von der ihr wahre Hingabe lernen könnt sowie die Bereitschaft, alles zu akzeptieren. Man lernt diese Fähigkeiten nicht aus Büchern und nicht in der Schule oder Universität. Sie reifen in euch durch die tiefgehende Inspiration, die ihr aus dem engen Zusammensein mit dem Meister empfangt, denn er ist die Verkörperung aller göttlichen Eigenschaften. An ihm könnt ihr wahre Hingabe und Bejahung beobachten, und so bekommt ihr ein lebendes Vorbild, dem ihr nacheifern und an das ihr euch halten könnt. Seine Gegenwart ist überaus anregend, sie löst einen inneren Wandel bei euch aus und läßt tiefe Liebe zum Meister in euch entstehen; so entwickelt sich ein festes Band zwischen euch und ihm. Hingabe und Bejahung entwickeln sich gewöhnlich erst dann, wenn reine Liebe aufkommt.

## Wie eine fürsorgliche Mutter

In den Anfangsstadien spiritueller Liebe empfindet man: ‹Ich bin dein Verehrer, dein Schüler, Diener oder Liebhaber, und du bist mein Herr, mein Meister oder Geliebter.› In dieser Anfangsphase seid ihr in den Meister verliebt und könnt daher nicht von seiner äußeren Erscheinung absehen. Ihr hängt so sehr an der Person des Meisters, daß ihr in keiner Weise wünscht, von ihr abzusehen. In dieser frühen Phase lernt ihr allmählich, wenn auch noch unvollkommen, euch hinzugeben und ja zu sagen. Spirituell seid ihr neugeborene Kinder, denn ihr wißt nichts über das spirituelle Leben. Wie ein Säugling nur Muttermilch trinkt und nichts anderes kennt als die Wärme der Mutter, so weiß das spirituelle Kind in euch von nichts als der Person und der physischen Nähe eures Meisters. Die ganze Welt der Spiritualität liegt für euch in der äußeren Erscheinung des Meisters, mit der ihr euch daher zutiefst verbunden fühlt. Ihr braucht seine physische Nähe und Wärme, und ihr verlangt ständig danach.

Wie ein kleines Kind alle seine Bedürfnisse – sei es Hunger, Durst oder Schmerz – nur auf eine einzige Weise ausdrücken kann, nämlich durch Weinen, so habt auch ihr in den Anfangsstadien der Spiritualität nur eine Möglichkeit, euer Herz zu offenbaren: durch Tränen tiefer Sehnsucht. Der Meister bindet euch mit seiner Liebe; er wird zum absoluten Mittelpunkt eures Lebens. In dieser Erfahrung göttlicher, bedingungsloser Liebe habt ihr nichts mitzuteilen. Ihr beschränkt euch darauf, stille Tränen der Liebe und Sehnsucht zu vergießen.

Als spirituelle Säuglinge werdet ihr in eine völlig fremde, unbekannte Welt hineingeboren. Ein Baby braucht Wärme und die Milch der Mutter. Das weiß die Mutter, und sie tut alles für das Kind. Immer, wenn das Kind hungrig ist, füllen sich ihre Brüste spontan mit Milch. Intuitiv spürt die Mutter, ob das Kind Schmerzen hat oder sich unwohl fühlt. Hat es sich beschmutzt, so kommt die Mutter, badet es und wechselt ihm die Windeln. Das Kind schläft über dem Klang der Stimme seiner Mutter ein, wenn sie ihm ein schönes Wiegenlied singt. So kann ein kleines Kind ohne seine Mutter nicht leben. Eine Mutter oder eine mütterliche Person ist für die gesunde Entwicklung des Kindes absolut erforderlich. Eine wahre Mutter nährt nicht nur den Körper, sondern auch das Gemüt des Kindes. Sie ist der Mittelpunkt, um den sich seine Welt dreht. Für das Kind ist die Mutter das schönste Geschöpf. Weil es so tief mit ihr verbunden ist, ranken sich alle seine Träume und Phantasien um sie.

Für den *sadhaka* am Anfang seines spirituellen Lebens spielt der Meister eine ähnlich überragende Rolle. Es ist nicht übertrieben zu behaupten, der Meister sei für einen wahren Schüler alles, sogar mehr als Gott.

Wie eine Mutter die ganze Welt für ihr Kind ist, so ist ein echter Meister alles für den Schüler, der gerade seine ersten Schritte auf dem spirituellen Weg macht. Und der Meister nimmt noch mehr Anteil an seinem spirituellen Kind als eine Mutter an ihrem neugeborenen Baby.

In den Anfangsstadien spiritueller Entwicklung nimmt der Schüler gegenüber dem Meister die Rolle eines Kindes ein. Alle Spiritualität kristallisiert sich für den Schüler in den Worten ‹mein Meister, mein ein und alles›. All seine Phantasien und Träume über Spiritualität ranken sich um die Person des Meisters. Der Schüler ist dem Meister innigst verbunden, immerzu sehnt er sich nach dessen Liebe und Zuneigung, Aufmerksamkeit und Wärme, immer will er nahe bei ihm sein. Eine Welt oder ein Leben ohne seinen Meister kann er sich nicht vorstellen. Dies ist die ganz spontane und natürliche Empfindung eines Devotees oder Schülers.

Aber wie das Baby nicht immer ein Baby bleibt, sondern unter der liebevollen Obhut seiner Mutter heranwächst, so wächst unter der Führung des Meisters auch das spirituelle Kleinkind; sein Wachstum ist jedoch ein innerliches. Im Laufe der Entwicklung des spirituellen Kindes tritt anstelle der mütterlichen Natur des Meisters allmählich dessen väterliches Wesen stärker hervor: Er zeigt sich nun als strenger Lehrer und erlegt dem Schüler eine strikte Disziplin auf, um ihn inneres Nicht-Verhaftetsein, Selbsthingabe und Bejahung zu lehren, nicht nur in bezug auf die Person des Meisters, sondern auf die ganze Schöpfung. Der Meister ist nicht nur der Körper – er ist die in allem und durch alles leuchtende Energie. Deshalb lehrt er den Schüler, sich vor der ganzen Schöpfung in Demut zu verbeugen. Diese Schulung dient dazu, ihn aus geistiger Beschränktheit auf eine höhere Ebene zu heben und ihn alles in einem weiteren Zusammenhang erleben zu lassen. Zuletzt erkennt er, daß die ganze Schöpfung nichts anderes ist als der eigene Meister. In dieser Lehrzeit prägt sich dem Schüler das Wissen ein, daß der Meister nicht auf seinen menschlichen Körper beschränkt ist, sondern daß er eins ist mit dem alle Schöpfung durchdringenden Bewußtsein. In dem Maße, wie der Schüler innerlich wächst und reift, gewährt der Meister ihm immer größere Unabhängigkeit, mit anderen Worten, er läßt ihn sich immer mehr auf sein eigenes Selbst besinnen.

Im höchsten Stadium der Liebe werden Liebender und Geliebter eins. Darüber hinaus existiert ein noch erhabenerer Zustand, in dem es weder Liebe noch Liebenden oder Geliebten gibt. Dieser Zustand, in den der Meister euch zuletzt führt, läßt sich nicht schildern.

Worte reichen nicht aus, um die Wege eines wahren Meisters zu beschreiben. Im Unterschied zur irdischen Mutter bindet ein echter Meister den Schüler niemals an sich. Im Gegenteil: Er führt ihn über alle körperlichen Begrenzungen und Bindungen hinaus und macht ihn vollkommen frei und unabhängig. Die Bindung an die körperliche Form des Meisters führt euch letzten Endes zu totaler Ungebundenheit und Freiheit. Auch wenn der Schüler sich in den frühen Stadien seiner Entwicklung tief mit der äußeren Erscheinungsform des Meisters verbunden fühlt, so ist das keine Fesselung. Zwei auf der physischen Ebene lebende Menschen können einander binden, aber ein wahrer Meister kann niemanden an sich fesseln, weil er nicht der Körper ist. Er ist keine Person im gleichen Sinne wie unsere Freunde oder andere Leute. Der Meister ist sowohl persönlich als auch unpersönlich. Von Gebundenheit spricht man, wenn man nur dem Körper des anderen verbunden ist. Wenn ihr aber die Person des Meisters liebt, so liebt ihr kein begrenztes Einzelwesen, sondern das reine Bewußtsein, und dies wird der Meister euch allmählich offenbaren. In dem Maße, wie eure innere Bewußtheit sich erweitert und sich damit euer Verständnis des Meisters vertieft, lernt ihr nach und nach sein alldurchdringendes Wesen kennen. Ihr werdet begreifen, daß der Meister nicht auf den Körper beschränkt ist, daß er vielmehr die alles von innen her belebende *Atma Shakti* ist. Der Meister selbst wird euch durch diese Erfahrung führen. Mit seiner Gnade könnt ihr euch schließlich von allen Fesseln lösen. Deshalb sagt Amma, daß die Bindung an die Person des Meisters euch niemals fesseln kann.»

## Ein wahrer Meister heilt alle Wunden

Frage: «Will Amma damit sagen, eine enge Bindung an die Person des Meisters sei unabdingbar? Wie steht es dann mit dem Leiden, von dem so viele Leute sprechen – dem Leiden, das aus der Bindung an den Meister stammt?»

Mutter: «Amma versteht die seltsamen Vorstellungen dieser Leute nicht. Du sagst, die innere Verbindung mit dem Meister könne schmerzhaft werden, deshalb solle man lieber nicht an ihn gebunden sein. Könnt ihr Amma einen Menschen in der Welt zeigen, der nicht leidet? Die Menschen leiden fortwährend, entweder körperlich oder seelisch. Fragt die Menschen in der Welt, und jeder wird euch antworten: ‹Mein Körper schmerzt so sehr› oder ‹Meine Gefühle sind verletzt› oder ‹Man hat mich verächtlich behandelt, deshalb bin ich beleidigt›. Sagt Amma, wer nicht leidet! Alle leiden innerlich oder äußerlich. Was wißt ihr vom Leiden? Leiden bezieht sich nicht nur auf körperlichen Schmerz. Die inneren Wunden sind viel schmerzhafter. Deine Behauptung, Liebe zur Person des Meisters führe zu Leiden, ist unlogisch. Ihr tragt tiefe, aus der Vergangenheit stammende Wunden in euch. Diese Wunden und der von ihnen hervorgerufene Schmerz sind Folgen eurer überstarken Bindung an die Freuden der Welt. Weil ihr euch nicht um eure eiternden Wunden und den Schmerz, den sie verursachen, kümmert, bleiben sie ungeheilt. Niemand kann sie erfolgreich behandeln, denn die Wunden und Neigungen stammen nicht nur aus diesem Leben; ihr habt sie aus euren früheren Inkarnationen mitgebracht. Kein Arzt oder Psychotherapeut kann diese Wunden heilen. Sie vermögen nicht scharf genug in euer Gemüt zu schauen, um eure Verletzungen zu erkennen, die tief in eurem Inneren liegen.

Die Menschen wenden sich an Fachleute, die ihre inneren Schmerzen lindern sollen, doch alle Experten der Welt, etwa Ärzte, Wissenschaftler, Psychologen leben auch nur in ihrem Gemüt, in der kleinen, von ihrem Ego geschaffenen Welt. Wie können sie anderen Gemütern auf den Grund schauen, solange sie selbst nicht tief in ihr eigenes Gemüt eingedrungen sind? Wie können sie anderen helfen, über Ego und Gemüt hinauszugehen, solange sie selbst unter deren Herrschaft stehen? Sie selbst haben tiefe Wunden und starke mitgebrachte Neigungen, genau wie ihr. Solche Fachleute vermögen euch nicht zu helfen, eure Wunden zu heilen und eure Schmerzen zu beseitigen. Nur ein wahrer Meister, der von derartigen Begrenzungen ganz frei ist und der das Gemüt transzendiert hat, kann in euer Gemüt eindringen, die ungeheilten Wunden behandeln und alle eure Neigungen und alten Gewohnheiten ausmerzen.

Es klingt sehr seltsam, wenn man hört, daß manche Leute sich nicht an die Person des Meisters binden wollten, weil damit

Schmerz verbunden wäre. Ihr durchlebt jetzt schon ungeheures Leid, ja ihr seid die schiere Verkörperung tiefen, quälenden Schmerzes. Verbundenheit mit der Person des Meisters kann keinerlei Leid verursachen, weil er weder ein Gegenstand noch ein Körper oder ein Ego ist. Er steht jenseits alles dessen. Er kann euch unmöglich verletzen oder irgend etwas aufzwingen. Er ist wie der Raum, wie der grenzenlose Himmel. Übertragt also nicht eure vorgefaßten Ideen auf den Meister und versucht nicht, ihn zu beurteilen. Das Gemüt irrt sich fast immer; es ist unfähig zu einem fundierten Urteil. Alle eure Begriffe und Urteile gehören dem Gemüt an, sie haben nichts zu tun mit dem vollkommenen Meister, der jenseits des Gemüts steht. Ein Gemüt kann vielleicht ein anderes Gemüt beurteilen, aber es kann nichts bewerten, was über ihm selbst steht. Ein Gemüt oder Ego kann ein anderes Gemüt oder Ego verletzen, wer jedoch über das Gemüt hinausgegangen ist, kann niemanden verletzen, denn eine solche Seele besitzt kein Ego und urteilt nicht über andere. Euer Schmerz liegt in euch und ist nicht vom Meister verursacht.

Wenn ihr bei einem großen Meister, einem Satguru, lebt, seid ihr gezwungen, euren ganzen Schmerz zu gewahren. Er lag in euch verborgen und kommt nun zum Vorschein, weil ein Meister wie eine spirituelle Sonne ist, in deren Gegenwart es keine Nacht gibt, nur fortdauerndes Tageslicht. Wenn der Meister wie die Sonne leuchtet, dringen seine Strahlen tief in euer Gemüt. In deren Licht erblickt ihr euer ganzes Inneres und gewahrt die verborgene Hölle in euch, und erst dann seid ihr von ihrer Existenz überzeugt. Sie war immer da, aber ihr wußtet nichts davon. Wie könnt ihr euch aber von euren verborgenen Schmerzen befreien, wenn ihr nicht einmal von ihrem Dasein wißt? Es ist wichtig zu verstehen, daß der Schmerz aus eurem Inneren stammt und nicht von außen kommt. Bislang glaubtet ihr, Leiden entstehe durch äußere Faktoren, durch zerbrochene Beziehungen, unerfüllte Wünsche, durch den Tod eines nahestehenden Menschen oder den Zorn, die Beleidigungen und Beschimpfungen anderer. Aber die wirkliche Quelle des Schmerzes liegt in euch. Und nun erblickt ihr alles klar und deutlich im unendlich hellen spirituellen Licht des Meisters. Ihr erkennt den ganzen in euch liegenden Schmerz.

Denkt aber daran, daß der Meister euch nicht einfach damit allein läßt. Er hilft euch mit seiner unbegrenzten spirituellen Kraft und heilt eure Wunden.

Der Schmerz stammt also nicht aus eurer Bindung an die Person des Meisters, sondern aus eurem Gemüt mit seinen negativen Neigungen. Wenn ihr allmählich die Natur eures Leidens erkennt, müßt ihr mit dem Meister zusammenarbeiten. Er ist ein göttlicher Heiler von unerschöpflicher Kraft und Fähigkeit.

Denkt daran, daß ihr Patienten seid, die sich einer schwierigen Operation unterziehen müssen. Aber seid unbesorgt – ihr könnt diesem Arzt absolut vertrauen. Glaubt fest an ihn! Ihr befindet euch in seinem Operationssaal. Laßt ihn an euch arbeiten; seid ihm behilflich und wehrt euch nicht; haltet still, bewegt euch nicht! Selbstverständlich wird er euch eine Betäubung geben. Sie besteht in dem Mitgefühl und der unbedingten Liebe, die er durch sein ganzes Wesen zeigt. Mit dieser Betäubung werdet ihr auf die Operation vorbereitet.

Wenn der Meister erst einmal zu operieren beginnt, läßt er euch nicht mehr fort. Kein Arzt läßt seinen Patienten gehen, wenn die Operation erst halb vollendet ist. Auf irgendeine Weise wird der Meister dafür sorgen, daß ihr auf dem Operationstisch bleibt, denn es wäre gefährlich für euch, mitten in der Prozedur wegzulaufen. Der Satguru läßt euch daher nicht weglaufen. Der chirurgische Eingriff des Satgurus ist jedoch nicht sehr schmerzhaft im Hinblick auf den schlimmen Zustand eurer Krankheit und auf die äußerste Glückseligkeit und die anderen Wohltaten, die ihr erlangen werdet. Durch überströmende Liebe und Mitgefühl vermindert der Meister weitgehend euren Schmerz. Er ist eins mit Gott, deshalb werdet ihr in Gottes Liebe und Mitgefühl ruhen.

Der Meister ist kein Schmerzensbringer, sondern ein Schmerzenstöter. Er geht nicht darauf aus, euch zeitweilige Linderung zu verschaffen, sondern Schmerzfreiheit für alle Zeiten. Aus irgendwelchen Gründen wollen manche Leute jedoch ihre Schmerzen behalten. Obwohl wir unserem Wesen nach höchste Glückseligkeit sind, scheinen sie in ihrem gegenwärtigen Gemütszustand den Schmerz zu genießen, als sei er ein natürlicher Teil von ihnen geworden.

Ein Wahrsager studierte die Hand eines Kunden und prophezeite ihm: ‹Bis zum Alter von fünfzig Jahren werden Sie viel Leid und Kummer durchzumachen haben. Sie werden dauernd mit quälenden inneren Schmerzen leben.› ‹Und danach?› fragte der Kunde. ‹Vom fünfzigsten Lebensjahr an›, erwiderte der Wahrsager kühl, ‹wird Ihnen das zur zweiten Natur.›»

Schallendes Gelächter brach aus, in das auch Mutter einstimmte. Dann fuhr sie fort: «Es sieht fast so aus, als sei das Leiden den Menschen zur zweiten Natur geworden. Sie leiden und identifizieren sich sogar weitgehend damit. Sie sind sich dessen nicht einmal bewußt und wollen auch nicht wirklich aus ihrem Elend herauskommen.»

Der Brahmacharin, der die Frage gestellt hatte, sagte: «Amma, ich habe noch eine Frage.» Er schaute Mutter an, um zu sehen, wie sie reagierte, denn bisweilen schweigt sie, ohne auf irgendwelche Fragen einzugehen. Mutters Wege sind immer rätselhaft und unvorhersehbar. Niemand weiß, wann sie gewillt ist zu sprechen und wann nicht. Selbst inmitten einer lebhaften Diskussion gleitet sie mitunter in ihr eigenes unendliches Bewußtsein. Ihre Zustände göttlicher Bewußtheit sind jenseits menschlicher Fassungskraft. Sie können jederzeit und an jedem Ort eintreten.

## Die höchste Göttin selbst

Im Sommer 1977 wollten einige Devotees mit Mutter einen berühmten Devi-Tempel in Tamil Nadu besuchen. Damals entglitt Mutter oft völlig das Bewußtsein der Außenwelt. Sie war sich dann nicht einmal ihres Körpers bewußt.

Die Familie, die sie zu dem Tempel mitnehmen wollte, verehrte Mutter tief. In jenen Tagen war Mutter nicht wie heute stets von einer Menschenmenge umgeben. Die Devotees kamen nur zum Bhava *darshan*, und am Morgen danach luden sie Mutter oft zu sich nach Hause ein. Manchmal nahm Mutter solche Einladungen an und verbrachte einen oder zwei Tage bei ihnen. Die Devotees hofften, daß sie Mutter bei sich daheim bestens betreuen könnten und daß sie sich gut ausruhe. Damals aß und schlief Mutter nur, wenn jemand sie mahnte und nötigenfalls drängte, zumindest ab und zu etwas zu essen und ein wenig zu ruhen. Selbst dann war sie kaum dazu zu bringen, denn sie schenkte ihren körperlichen Bedürfnissen keinerlei Beachtung. Meist war Mutter völlig weltentrückt.

Krishna und Devi Bhava spielten sich wöchentlich in drei Nächten ab (dienstags, donnerstags und sonntags). An allen diesen Tagen empfing Mutter zwölf bis dreizehn Stunden lang Besucher. An den Tagen des Bhava *darshan* begann der Abend-*bhajan* schon um halb vier oder vier Uhr nachmittags und dauerte bis sechs Uhr. Um halb sieben Uhr abends begann der Krishna Bhava, der bis gegen Mitternacht dauerte; die zweite Hälfte der Nacht war dem Devi Bhava gewidmet. Wenn sich dazu zweitausend Leute eingefunden hatten, so kamen alle zweitausend zweimal zu ihr – zunächst, wenn Mutter Krishna, dann noch einmal, wenn sie die Devi verkörperte. Der Devi Bhava dauerte manchmal bis sieben oder acht Uhr morgens.

In diesen Tagen standen nur wenige Familien Mutter wirklich nahe; d. h. nur wenige Familien waren so glücklich zu erkennen, daß Mutter in höchster spiritueller Verwirklichung lebte. Zu ihnen gehörte die Familie, die Mutter zum Besuch des berühmten Devi-Tempels eingeladen hatte. Zunächst zeigte Mutter zwar kein Interesse, aber wie immer gab sie den gutgemeinten Bitten schließlich nach.

Über Tempel äußerte Mutter sich einmal so: «Der äußere Tempel ist für jene da, die noch nicht die ständige Gegenwart Gottes in ihren Herzen erkannt haben. Wenn diese Erfahrung eintritt, durchdringt Gottes Gegenwart alles, innen wie außen. Für einen solchen Menschen wird jeder Ort, jeder Fleck des Weltalls zu einem Tempel.»

Mutter veranschaulicht dies mit folgender Geschichte: «Namdev, ein weit fortgeschrittener Verehrer Krishnas, hatte vom Herrn selbst die Weisung erhalten, sich einem erleuchteten Meister (Vishobukechara) anzuschließen, der in einem Shivatempel am Rande eines Dorfes lebte. Als er an diesem Tempel ankam, sah Namdev im inneren Schrein einen alten Mann liegen, der seine Füße auf dem *Shiva Lingam* ruhen ließ. Erzürnt über eine solche Entweihung, klatschte Namdev laut in die Hände, um den alten Mann zu wecken. Der Alte hörte den Lärm, öffnete die Augen, musterte den Neuankömmling und sagte: ‹Aha! du bist Namdev, den Vitthal[15] hergeschickt hat, nicht wahr?› Namdev war zutiefst verwundert; er erkannte, daß er einer großen Seele gegenüberstand. Aber eines konnte er nach wie vor nicht verstehen, und so sagte er zu dem Alten: ‹Du bist ohne Zweifel ein großer Mann, aber ich verstehe nicht, wie du deine Füße auf den Lingam legen kannst.› ‹Oh, liegen sie auf dem Lingam?› sagte der Heilige. ‹Das wußte ich nicht. Bitte nimm sie von dort weg, ich bin zu müde.› Namdev hob die Füße des alten Mannes hoch und legte sie sachte auf den Boden, aber sofort bildete sich auch an dieser Stelle ein Shiva Lingam. Namdev versuchte, die Füße des Heiligen an verschiedenen Stellen abzulegen, doch sobald sie den Boden berührten, erschien genau dort sogleich ein Shiva Lingam. Zuletzt legte Namdev die Füße auf seinen eigenen Schoß, und in diesem Moment wurde ihm schlagartig sein Einssein mit Shiva bewußt.

Ein wahrer *Mahatma* ist Gott selbst. Er braucht nicht in Tempel oder an besondere Orte der Gottesverehrung zu gehen, weil der Ort, an dem er sich befindet, bereits selbst ein Tempel ist. Aber bisweilen besucht er heilige Stätten, einfach um ein Beispiel zu geben.»

Mutter besuchte den Tempel, um ihren Devotees eine Freude zu bereiten. Sie stiegen die Stufen empor und blieben vor dem Eingangstor stehen, durch das man deutlich hinter der geöffneten Tür des inneren Schreins das Kultbild der Devi, der Göttlichen Mutter, sehen konnte. Sobald Mutter die Devi-Statue erblickte, versank sie in *samadhi*. Sie blieb mehr als eineinhalb Stunden vollkommen reglos an derselben Stelle stehen, was die Familie des Devotees sehr ängstigte. Am meisten verwunderte sie die

---

[15] Eine Erscheinungsform Krishnas.

Haltung, die Mutter angenommen hatte: genau dieselbe Positur wie die Göttliche Mutter im inneren Schrein.

Die Familie überlegte besorgt, wie sie Mutter wieder in ihr normales Bewußtsein zurückrufen könne, als plötzlich eine Frau mittleren Alters zu ihr trat. Ihr Gesicht strahlte Würde aus, zugleich machte sie einen sehr andächtigen und redlichen Eindruck. Mit Nachdruck sprach sie das Familienoberhaupt an: «Seht ihr nicht, daß sie (auf die Devi im Schrein des Tempels deutend) und sie (auf die in tiefem *samadhi* versunkene Mutter weisend) ein und dieselbe sind? Singt das *Meenakshi Stotram!*» Hinter diesen Worten stand eine solche innere Autorität, daß der Familienvater sogleich wie ein folgsames Kind die alte Sanskrithymne an die Göttliche Mutter zu singen begann.

> O Sri Vidya,
> Du Schmuck zur linken Seite Shivas[16],
> Könige und Kaiser beten Dich an,
> die Verkörperung aller Gurus,
> beginnend mit Vishnu,
> Schatzkästlein des Chintamani,
> des wunscherfüllenden himmlischen Juwels,
> deren Füße von Saraswati verehrt werden
> und von der Göttin Girija,
> Gemahlin Shambhos, Geliebte Shivas,
> blendend wie die Mittagssonne,
> Tochter des Königs Malayadwaja,
> rette mich, O Mutter Meenakshi.

Während er die Hymne sang, verharrte die Frau mit gefalteten Händen und geschlossenen Augen in tiefem Gebet.

Einige Minuten später kehrte Mutter in ihren normalen Zustand zurück, blieb aber weiterhin an derselben Stelle stehen und wiegte sich sanft seitlich hin und her. Ihr Blick war noch immer fest auf die Statue der Devi oder auf einen nicht genau

[16] D.h. die Gemahlin Shivas.

bestimmbaren Punkt gerichtet. Die Familie hörte schließlich auf zu singen.

Die unbekannte Frau, die die Devotees aufgefordert hatte, das Meenakshi Stotram zu singen, fiel Mutter zu Füßen und verweilte dort lange, bis Mutter sich herunterbeugte und sie liebevoll aufhob. Als sie die Frau anschaute, strahlte Mutter unermeßliche Liebe aus. Die Frau schien in einen seligen Zustand entrückt zu sein. Mutter schaute ihr lange in die Augen. Schließlich zog sie den Kopf der Frau behutsam an ihre Schulter. Die Frau vergoß Tränen der Glückseligkeit, als sie an Mutters Schulter ruhte. Niemand weiß, wer sie war und woher sie kam.

Dies ist nur eine von zahllosen ähnlichen Begebenheiten, die sich in Mutters Nähe ereignen. Die Frau, die zu dieser Stunde zum Tempel gekommen war, glich einer Himmelsbotin, die alle, insbesondere die Familie, daran erinnern wollte, daß Mutter die höchste Göttin selbst ist.

Aus diesem Grund schwieg der Brahmacharin, der eine weitere Frage stellen wollte, und schaute Mutter an. Er wollte sicher sein, daß sie sich in ihrem normalen Zustand befand. Als er sah, daß sie bereit war, auf ihn einzugehen, fragte er weiter.

## Bindung an einen Satguru ist Bindung an Gott

Frage: «Amma, mir ist immer noch nicht klar, ob eine Bindung an die äußere Persönlichkeit des Meisters notwendig ist oder ob die bloße Sehnsucht nach Gottverwirklichung genügt, um das höchste Ziel zu erreichen.»

Mutter: «Kinder, erinnert euch zunächst daran, daß eine Bindung an den Meister eine Bindung an Gott ist. Euer Problem liegt darin, daß ihr zwischen Gott und dem Meister unterscheiden wollt. Die Bindung an die Person eines wahren Meisters verstärkt eure Sehnsucht nach Gottverwirklichung. Es ist, als lebe man mit Gott zusammen. Der Meister erleichtert euch die spirituelle Reise sehr, er ist sowohl der Weg als auch das Ziel. Zugleich bedarf es jedoch einer bewußten Anstrengung, um den Meister in der ganzen Schöpfung zu erkennen. Man muß auch nach besten Kräften seinen Worten lauschen und sich an seine Weisungen halten.

Habt ihr irgendeine Vorstellung von Gott und vom Zustand höchster Gotterkenntnis? Ihr habt davon gehört und darüber gelesen, das ist alles. Was ihr gehört und gelesen habt, das sind nichts als Worte. Die Erfahrung geht jedoch weit darüber hinaus, sie ist ein unfaßbares Geheimnis.

Ihr könnt Gottverwirklichung nicht allein durch eure Sinne oder durch die Schriften, die ihr gelesen habt, erlangen. Um dies zu erfahren, müßt ihr ein neues Auge, das innere oder dritte Auge, ausbilden. Die zwei Augen, die ihr jetzt habt, müssen eines werden, dann erst könnt ihr Gott sehen. Damit ist gemeint, daß ihr die Welt nicht für dual halten dürft, auch wenn ihr sie so mit euren beiden Augen seht. Alle Dualität muß vergehen, dann gewahrt ihr die Einheit des ganzen Universums. Das innere Auge – das Auge der Weisheit – kann nur von einem echten Meister geöffnet werden.»

Diese Aussage Mutters erinnert an einen berühmten Lehrspruch des vollkommenen Meisters Krishna an seinen Schüler Arjuna:

> *Du kannst mich nicht mit deinen irdischen Augen schauen. Darum verleihe ich dir die Kraft göttlicher Sicht. Gewahre nun meine Macht als Herr des Alls.*
>
> Bhagavad Gita, 11. Kapitel, Vers 8

Mutter fuhr fort: «Ihr sehnt euch vielleicht danach, Gott zu erkennen, aber sofern ihr nicht außerordentlich begabte Schüler seid, kann dieser Wunsch schnell an Kraft verlieren. Er kommt und vergeht, er ist sehr unbeständig. Selbst wenn ihr eure Sehnsucht nach Gott aufrechterhalten könnt, zieht es euch womöglich weiterhin intensiv zu weltlichen Freuden. Ihr wißt nicht, wie ihr ein Gleichgewicht zwischen der inneren und der äußeren Welt herstellen sollt. Wenn kein Meister da ist, der euch von Zeit zu

Zeit die Richtung weist, könnt ihr leicht vom Weg abkommen, in die falsche Richtung wandern oder die Reise auf halbem Weg abbrechen und in die Welt zurückkehren. Dann kommt euch euer ganzer Glaube abhanden, und ihr meint, Gott- oder Selbstverwirklichung gebe es nicht.

Die Verbindung mit der Person des Meisters gleicht der tiefen Liebe der *gopis* zu Krishnas äußerer Erscheinung, Hanumans inniger Liebe zu Rama oder der Bindung der Jünger Buddhas und Jesu Christi an ihre Meister. Diese Jünger lebten mit Gott zusammen. Bei einem wahren Meister zu leben und sich von seiner Persönlichkeit angezogen zu fühlen ist wie mit dem reinen Bewußtsein, der höchsten Wirklichkeit, zu leben und ihr aufs engste verbunden zu sein. Dies inspiriert euch und weckt eine tiefe Sehnsucht, die ihr in voller Intensität aufrechterhalten könnt. Unter den wachsamen Augen des Meisters könnt ihr nicht vom Weg abirren, solange ihr es an Glauben, Hingabe und Gehorsam ihm gegenüber nicht fehlen laßt.

Tiefe Verbundenheit mit der Person des Satgurus gleicht dem direkten Kontakt mit der höchsten Wahrheit. Eine solche große Seele ist so erfüllt von Göttlichkeit, daß ihr sie in seiner Gegenwart in eurem Herzen fühlt, mit euren Augen wahrnehmt und überall verspürt. Es ist eine greifbare Empfindung, die das gesamte Sein des Meisters euch vermittelt – wenn ihr in seine Augen blickt, wenn ihr seine Berührung fühlt, sein Tun beobachtet und seinen Worten lauscht.

Jeder Mensch will einen anderen finden, mit dem er tief verbunden sein kann, einen Freund oder eine Freundin, einen Mann oder eine Frau. Kinder hängen sehr an ihren Eltern und an ihren Spielsachen, sie wollen mit ihren Geschwistern zusammen sein, und jedes wünscht sich gute Freunde. Zahllose Wünsche halten das Gemüt in ständiger Bewegung. Um sie zu befriedigen, stellen Firmen und Unternehmer immer neue Waren her. Auf ihrer Suche nach dem Glück (d. h. in ihrem Bedürfnis, das Gemüt ruhigzustellen) rennen die Menschen von einem Gegenstand zum anderen. Doch sehr bald langweilt sie der Gegenstand, und sie müssen einem neuen hinterherlaufen. Die Suche nimmt kein Ende.

Wenn etwas Neues auf dem Markt erscheint, wenn zum Beispiel ein neuer Film in die Kinos kommt, werdet ihr unruhig und wollt ihn sehen. Je mehr ihr über den Film hört, desto dringender wird dieser Wunsch. Wenn dieses Verlangen befriedigt ist, legt sich das drängende Fordern eures Gemüts für eine kurze Weile, bis ihr von einem anderen Film oder einer sonstigen Neuigkeit hört. So ist die Natur des Gemüts: Es kann nicht still bleiben, es kann nicht mit sich allein zufrieden sein. Kann es sich nicht an irgend etwas hängen, werdet ihr in höchstem Grade ruhelos. Das Gemüt ruft eine lange Kette von Wünschen hervor. Die Menschen leben in einer Phantasiewelt und bauen sich Luftschlösser. Wenn sie nicht träumen können oder wenn sie nichts haben, was ihr Denken beschäftigt, können sie sogar den Verstand verlieren oder sich das Leben nehmen.

Es ist unvermeidlich, daß euch alle Gegenstände und Erfahrungen der Welt irgendwann langweilen. Ihr könnt nie lange bei einer Sache bleiben. Ihr müßt immer wieder aufbrechen; das Gemüt zwingt euch, von einem Gegenstand zum anderen zu springen. Langeweile kommt aufgrund der unaufhörlichen Forderungen des Gemüts zwangsläufig in jeder Lebenslage auf. Deshalb versucht man es im Westen immer wieder mit neuen Partnern und Partnerinnen, Ehefrauen und Ehemännern oder einer neuen Wohnung in einer anderen Stadt. Man will neue Dinge und neue Beziehungen ausprobieren, weil man der alten und gewohnten schnell überdrüssig wird. Das Gemüt hängt sich an tausend Dinge und zieht euch in alle Richtungen.

Da das Gemüt schwankend und von Negativität erfüllt ist, kann auch eure jetzige spirituelle Sehnsucht schnell wieder verfliegen, denn auch sie stammt aus dem Gemüt. Eines Tages könnt ihr des Strebens nach Selbstverwirklichung plötzlich überdrüssig werden, denn es liegt im Wesen des Gemüts, sich bei allem zu langweilen; es will immer wieder etwas Neues. Wenn ihr nichts habt, an das ihr euch halten oder mit dem ihr in Beziehung treten könnt, wird euch das spirituelle Leben zwangsläufig auch wieder langweilen.

Um Ruhe und Beständigkeit in euer Gemüt zu bringen, müßt ihr euch an etwas Höheres als das Gemüt binden. Das Gemüt ist der unruhigste Ort der Welt. Solange es nichts hat, in das es sich wirklich versenken oder über das es meditieren kann, findet es keine Ruhe. Der Gegenstand der Meditation oder Betrachtung darf aber nichts Vertrautes sein, denn dabei würde das Gemüt sich schnell wieder langweilen.

Eure gegenwärtige Sehnsucht nach Gottverwirklichung ist vielleicht nur ein Wunsch unter vielen. Ihr könnt Versuchungen nicht lange widerstehen. In eurem jetzigen Gemütszustand sind eure anderen Bindungen und Wünsche viel stärker als der Wunsch nach Gottverwirklichung. Dieser Wunsch kann aus der Erregung und dem Reiz eines besonders inspirierenden Augenblicks entstanden sein. Er kann genauso schnell wieder verebben, weil sich zwangsläufig Langeweile einstellt, solange nicht die Anziehungskraft spiritueller Verwirklichung noch viel mächtiger, viel unwiderstehlicher wird. Eure Bindung an die Person des Meisters ist diese Zugkraft. Sie ist die Bindung, die jede andere Bindung auflöst. Dadurch, daß ihr euch zum Meister hingezogen und an ihn gebunden fühlt, werdet ihr fähig, allen anderen Reizen zu widerstehen. In der von göttlicher Kraft erfüllten physischen Gegenwart des Meisters kann daher Langeweile nicht aufkommen. Sie entsteht nur, wenn das Gemüt sich mit weltlichen Gegenständen, Erfahrungen und Ideen befaßt. Das Gemüt langweilt sich schnell bei äußeren Dingen, weil wahres Glück nicht im Wesen dieser Dinge liegt. Ein Satguru ist dagegen ein Quell ewiger Glückseligkeit und Freude. Sein Wesen ist unsterblich, und wenn man aufmerksam genug ist, kann man in seiner Nähe beobachten, wie die Unendlichkeit sich in vielerlei Weise entfaltet. Er ist die Verkörperung des Göttlichen; ist man für seine göttliche Gegenwart empfänglich, dann kann keine Langeweile aufkommen. Die Bindung an die Person des Meisters erfüllt das Herz des Schülers mit Liebe, Enthusiasmus, Zufriedenheit und Entschiedenheit. Der Meister selbst flößt dem Schüler diese Eigenschaften ein. Wann immer der Schüler mutlos und niedergedrückt ist, hebt ihn der Meister durch seine bedingungslose Liebe und sein Mitgefühl oder dadurch, daß er ihm eine inspirierende Erfahrung zuteil werden läßt, aus seinem negativen Zustand heraus und macht ihm Mut, mit neuer Entschlossenheit und Begeisterung weiterzuschreiten. Dies gibt dem unruhigen Gemüt des Schülers Frieden und Beständigkeit; nur bei einem wahren Meister kann es zur Ruhe finden.

Spiritualität ist, anders als Sonne und Mond, Berge und Flüsse, nichts, was sich äußerlich beobachten ließe. Spiritualität ist Glaube, und nur unbedingter, ungeteilter Glaube führt zum Ziel.

Jeder Mensch ist entweder intellektuell oder emotional geprägt. Den Intellektuellen fällt es schwer zu glauben, wenn es sich nicht um sichtbare Dinge handelt. Da Gott aber unsichtbar ist, ist die Gewißheit seiner Existenz allein durch Glauben zu erlangen, ein keineswegs intellektueller Akt. Zwar fällt es gefühlsbetonten Menschen leichter zu glauben, doch ihr Glaube ist nicht ungeteilt, sondern aufgrund ihres zweifelnden Gemüts nur partiell. Und schon bald, wenn sie sich zu langweilen beginnen, halten sie nach einem anderen Gegenstand Ausschau, um ihrem Glauben ein neues Ziel zu geben.

Verstandes- wie Gefühlsmenschen brauchen zur Stärkung ihres Glaubens etwas Stabiles und Sichtbares, sonst entwickeln sie nur ein flüchtiges Interesse, ein bißchen Sehnsucht nach Gottverwirklichung, und wenn sie dann nicht nach kurzer Zeit eine echte Erfahrung oder ein deutliches Gefühl des Göttlichen bekommen, wenden sie sich ab und sagen: ‹Dies ist alles Unsinn. Gott oder Gottverwirklichung gibt es nicht.› Natürlich liegt das Problem in ihrem eigenen Gemüt und in ihrer Ungeduld, aber wenn sie etwas haben, an das sie sich halten können, fühlen sie sich sicherer und bekommen Auftrieb. Dies hilft ihnen, der Spiritualität treu zu bleiben und ihren Grundsätzen gemäß zu leben. Das ist jedoch nur in der Gegenwart eines echten Meisters möglich, indem man eine persönliche Beziehung zu ihm entwickelt und sich an seine äußere Erscheinungsform bindet. Indem ihr das tut, setzt ihr euch in Beziehung zu Gott, dem höchsten Bewußtsein, eurem inneren Selbst. Dies ist nicht mit der Bindung an einen gewöhnlichen Menschen zu verwechseln; eine solche Bindung hilft euch, in allen Lebenslagen ungebunden zu sein. Sie bereitet euer Gemüt auf das endgültige Eintauchen ins Gottesbewußtsein vor.»

Im Schweigen, das sich nun auf die Zuhörer senkte, schienen

Mutters machtvolle Worte widerzuhallen, in den Herzen der Anwesenden wie in der äußeren Umgebung. Eine inspirierende meditative Stimmung hatte sich ausgebreitet, wie zur Bestätigung der Worte Ammas über die Bedeutung der körperlichen Gegenwart eines *Mahatmas*, der Liebe zu ihrer äußeren Erscheinungsform und der Notwendigkeit eines Bezugs zur physischen Verkörperung des Göttlichen.

# Kapitel 16

# Mutter, die Befreierin der Seele

Mutter saß mit einigen Brahmacharins und ein paar auswärtigen Devotees im Kokospalmenhain vor dem Tempel. Sie sprach mit den Haushälter-Devotees über verschiedene Themen. Unversehens wandte sich Mutter dann an Balu: «Ottoormon (mein Sohn Ottoor) wünscht, Amma zu sehen. Bringe ihn hierher!» Balu stand auf, um Ottoor zu holen. Er wohnte in einem eigens für ihn gebauten Raum über den unterirdischen Meditationszellen, unmittelbar hinter dem alten Tempel.

Ottoor Unni Nambootiripadu war ein in Kerala weithin bekannter Dichter und Sanskritgelehrter, eine Kapazität auf dem Gebiet des *Srimad Bhagavatam*, in dem Vishnus Inkarnationen beschrieben sind, insbesondere die Inkarnation als Krishna und dessen kindliche Spiele. Ottoors vollendete Gedichte zu Ehren Krishnas sind in ganz Indien berühmt und besonders beliebt bei den Verehrern Krishnas. Die indische Zentralregierung und verschiedene Landesregierungen haben Ottoor als Kommentator des *Srimad Bhagavatam* und als hochbegabten Dichter und Schriftsteller mit vielen Preisen und Auszeichnungen geehrt. Er war ein großer Verehrer Krishnas und stand in enger Verbindung mit dem berühmten Guruvayoor-Tempel in Kerala. Das folgende Lied, *Kannante Punya*, kann dem Leser einen Eindruck von der Gottesliebe und den wunderschönen Texte des begnadeten Dichters vermitteln.

Wann werden  
die glückverheißenden Namen Kannas  
in meinen Ohren erklingen?

Und wann, wenn ich sie höre,
werden mich Freudenschauer durchströmen?
Wann werde ich schwimmen
in Tränen der Seligkeit?

In Tränen gebadet,
wann werde ich rein sein?
Und wann werde ich,
gänzlich geläutert,
spontan Seine Namen singen?

Wenn ich in seliger Entrückung singe,
wann werde ich Himmel und Erde vergessen?
Und wann werde ich,
alles vergessend,
in reiner Hingabe tanzen?
Und wenn ich tanze,
werden dann meine Schritte
den Staub von der Bühne der Welt fegen?

In diesem spielerischen Tanz,
der alle Unreinheit ausräumt,
will ich laut rufen.
Wird meine Reinheit
mit diesem Ruf
in die acht Richtungen strahlen?

Wenn das Spiel vorüber ist,
sinke ich dann zuletzt
auf meiner Mutter Schoß?
Und wenn ich auf dem Schoß der Mutter liege,
werde ich dann selig schlafen?

Wann, wenn ich schlafe,
werde ich träumen
von Krishnas anmutiger Gestalt,
die in meinem Herzen wohnt?

Und wann, wenn ich erwache,
werde ich Krishna schauen,
den Verzauberer der Welt?

Dieses Lied verfaßte der große Dichter fünfundzwanzig Jahre bevor Mutter sich auf der Erde verkörperte. Es fand seine Erfüllung in einer tief bewegenden, wunderbaren Geschichte, die zeigt, wie eine göttliche Inkarnation die aufrichtigen, von Herzen kommenden Gebete eines wahren Gottliebenden erfüllt. In diesem Lied heißt es: «Wenn das Spiel vorüber ist – sinke ich dann zuletzt auf meiner Mutter Schoß? Und wenn ich auf dem Schoß der Mutter liege, werde ich dann selig schlafen?»

Ottoor begegnete Mutter erstmals im Jahre 1983. Er war zur Feier ihres dreißigsten Geburtstags eingeladen. Ottoor hatte durch einen ihrer Devotees von Mutter gehört, als er sich in Trivandrum aufhielt. Spontan wünschte er sich sehr, sie kennenzulernen. Ottoor fühlte intuitiv, daß Mutter die Inkarnation der Göttlichen Mutter und zugleich seiner Lieblingsgottheit Krishna sei. So kam er am 27. September 1983, um an ihrem Geburtstag mit ihr zusammenzutreffen. Nach dieser ersten Begegnung wurde Ottoor, der fünfundachtzigjährige Liebhaber Gottes, der Dichter und Gelehrte, fast wieder zu einem Kind, das immer nach der Fürsorge und Aufmerksamkeit seiner Mutter verlangt. Er erkannte, daß er zu guter Letzt sein Ziel erreicht hatte, und beschloß, den Rest seines Lebens in Mutters Nähe zu verbringen. Von da an schrieb er auch Gedichte über sie. Zwischen Mutter und dem bejahrten Dichter entwickelte sich eine einzigartige, außerordentlich schöne Beziehung. Mutter schätzte sein kindliches Wesen sehr und gab ihm den Kosenamen ‹Unni Kanna› (Krishna-Kind).

Ganz wie ein Kind fragte er immer zuerst Mutter, bevor er irgend etwas tat. Wenn er ein bestimmtes Medikament einnehmen wollte, holte er zuvor Muttèrs Erlaubnis ein. Selbst wenn er nur eine andere Seife für sein Bad benutzen oder von seiner gewohnten Diät abweichen wollte, bat er Mutter zunächst um ihre Einwilligung. Er handelte nur mit ihrem Einverständnis, nie wich er davon ab. Manchmal wollte er von Mutter gefüttert werden, bei anderer Gelegenheit wünschte er, auf ihrem Schoß zu liegen. Nicht selten konnte man ihn in voller Lautstärke aus seinem Zimmer rufen hören: «Amma! Amma!» Das tat er immer, wenn er sich heftig danach sehnte, sie zu sehen. Wenn Mutter in der Nähe weilte, besuchte sie ihn in seinem Zimmer. War sie aber unabkömmlich, dann ließ sie ihm durch Gayatri oder einen anderen Boten ein wenig *prasad* bringen. In Kenntnis seines kindlichen Wesens schickte Mutter manchmal jemanden zu ihm, um ihn in die Hütte zu holen, wenn sie dort den Devotees *darshan* gab. Dabei überhäufte sie ihn mit Herzlichkeit und Liebe. Er durfte ganz nahe bei ihr sitzen. In diesen Momenten vergaß Ottoor, der sonst immer über seine körperlichen Beschwerden klagte, alle seine Leiden. Oft sagte er: «Ich bekomme soviel Kraft, wenn ich in Mutters Nähe sitze.»

Eine so ungewöhnliche Mutter-Kind-Beziehung, in der ein berühmter fünfundachtzigjähriger Dichter die damals gerade dreißigjährige Mutter ‹Amma› nannte, ist für den menschlichen Verstand gewiß kaum faßlich. Für Ottoor Unni Nambootiripadu war Mutter Guru und Gott. In ihr sah er sowohl seinen geliebten Krishna als auch die Mutter des Universums. Dies kam klar in allen seinen Gedichten zum Ausdruck, z. B. in den von ihm verfaßten «Einhundertundacht Namen der Mutter». Ottoor schuf auch das folgende Lied über Mutter:

O Mutter,
Du bist die Verkörperung von Krishna und Kali.
O Mutter,
Du heiligst die Welten mit Deinem Lächeln
und Deinem Gesang,
mit Deinem Blick, Deiner Berührung, Deinem Tanz,
mit Deiner beglückenden Rede,
mit dem Auftreten Deiner heiligen Füße
und dem Nektar Deiner Liebe.

O Mutter,
wie eine himmlische Blumenranke
gewährst Du in Freude und Überfluß

allen fühlenden und fühllosen Wesen,
von Brahma bis zum Grashalm,
Verwirklichung der Lebensziele,
vom Einklang mit dem göttlichen Gesetz
bis hin zur höchsten Befreiung.

O Mutter,
die drei Welten staunen,
wie Du alle Menschen,
die Bienen und Vögel,
die Würmer und Bäume
mit den Sturmwellen Deiner Liebe überflutest.

Ottoor hatte nur einen einzigen Wunsch. Immer, wenn er Mutters *darshan* erhielt, bat er sie: «Amma, laß meinen Kopf auf deinem Schoß ruhen, wenn ich meinen letzten Atemzug tue. Das ist mein einziger Wunsch, mein einziges Gebet. O meine Mutter, bitte laß mich mit meinem Kopf auf deinem Schoß sterben.» Dieses Gebet wiederholte er inbrünstig bei jedem Zusammentreffen. Der Dichter sang sein Gebet so oft, daß fast alle Devotees Ammas und seine eigenen Bewunderer von diesem Wunsch erfuhren.

Bald nachdem Ottoor Mutter zum erstenmal begegnet war, zog er für immer in den Ashram. Hier fühlte er sich glücklich und zufrieden. Oft sagte er: «Ich weiß jetzt, daß Gott mich nicht verlassen hat, denn ich lebe in seiner Gegenwart und sonne mich in seiner überirdischen Liebe. Früher war ich oft tief betrübt, wenn ich daran dachte, daß ich nicht mit Sri Krishna oder Chaitanya Mahaprabhu[17] oder anderen *Mahatmas* zusammenleben könne. Aber das empfinde ich jetzt nicht mehr, denn ich glaube, daß Mutter mit ihnen allen eins ist.

Kurz vor Mutters dritter Weltreise im Jahre 1989 verschlechterte sich Ottoors Gesundheitszustand, sein ganzer Organismus versagte den Dienst. Zwar leitete Mutter alles Nötige zu seiner Behandlung in die Wege, doch Ottoor wurde nicht mehr ge-

---

[17] Bengalischer Heiliger und glühender Verehrer Krishnas, 1485–1535.

sund. Er war nun sehr schwach und zudem beinahe blind. Daher konnte er auch nicht mehr wie gewohnt Gedichte schreiben; statt dessen diktierte er sie seinem Neffen Narayanan, der sich auch um Ottoors persönliche Bedürfnisse kümmerte.

Obwohl Ottoors körperlicher Zustand sich weiter verschlechterte, blieben seine kindliche Unschuld und seine Beziehung zu Mutter unverändert, ja sie vertieften sich sogar noch. Er wiederholte nun ständig sein bekanntes Gebet, auf Mutters Schoß sterben zu dürfen. Als sein Augenlicht fast erloschen war, sagte Ottoor zu Mutter: «Ich habe nichts dagegen, wenn Mutter mir mein äußeres Sehvermögen nehmen will. Aber, himmlische Mutter, bitte segne deinen Diener, indem du ihn aus seiner inneren Dunkelheit führst und sein inneres Auge öffnest. Bitte verweigere deinem Kind nicht die Erfüllung dieses Gebets.»

Darauf erwiderte Mutter gütig: «Sorge dich nicht, Unni Kanna! Es wird gewiß geschehen. Wie könnte dir Amma deine unschuldige Bitte abschlagen?»

Eine Woche bevor Mutter zu ihrer dritten Weltreise aufbrach, verschlimmerte sich Ottoors Zustand plötzlich ernsthaft. Er war nun gänzlich ans Bett gefesselt, und alle glaubten, sein Tod stehe unmittelbar bevor. Ottoor fürchtete den Tod nicht, er fürchtete nur zu sterben, wenn Mutter weit entfernt wäre. Diese Sorge trug er ihr vor: «Amma, ich weiß, daß du allgegenwärtig bist und daß dein Schoß so weit ist wie die Welt. Dennoch bete ich darum, daß du körperlich anwesend bist, wenn ich meinen Körper verlasse. Wenn ich in deiner Abwesenheit sterbe, wäre mein Wunsch, auf deinem Schoß zu sterben, nicht erfüllt.» Mutter liebkoste ihn herzlich und antwortete entschieden: «Nein, mein Sohn Unni Kanna, das wird nicht geschehen! Du kannst sicher sein, daß du deinen Körper erst nach Ammas Rückkehr verlassen wirst.» Das war ein großer Trost für Ottoor. Da das Versprechen von Mutters Lippen kam, glaubte Ottoor felsenfest, daß ihn der Tod nicht vor Mutters Rückkehr ereilen könne.

Nach dreimonatiger Reise um die Welt kam Mutter im August in den Ashram zurück. In ihrer Abwesenheit war Ottoor von einem ayurvedischen Arzt, selbst einem glühenden Verehrer Mutters, in dessen Haus behandelt worden. Er kümmerte sich liebevoll um den Dichter: Ottoors Zustand verbesserte sich ein wenig, doch nach kurzer Zeit ging es ihm wieder schlechter. Mutter forderte Ottoor dann auf, in den Ashram zurückzukommen, denn nun sei es bald Zeit für ihn, seinen Körper zu verlassen.

An Krishnas Geburtstag saß Ottoor neben Mutter und nahm an allen Festlichkeiten teil. Am Tag danach offenbarte Mutter Devi Bhava. Der *darshan* endete um halb drei Uhr morgens, danach ging Mutter in Ottoors Zimmer. Er war sehr schwach, aber überglücklich, Mutter zu sehen. Der berühmte Dichter weinte wie ein Kind und betete: «O Amma, Mutter der Welt, laß mich heimgehen! Laß mich schnellstens heimgehen!» Wie eine fürsorgliche Mutter es mit ihrem Kind tut, massierte Amma ihm Brust und Stirn, linderte seine Schmerzen und streichelte ihm voll Mitgefühl und in überströmender Liebe den Kopf.

Ein Devotee hatte Mutter am selben Tag eine neue seidene Matratze geschenkt. Mutter bat nun Brahmacharini Gayatri, die Matratze in Ottoors Zimmer zu bringen. Sie hob Ottoors dünnen, zerbrechlichen Körper aus dem Bett und hielt ihn in ihren Armen wie eine Mutter ihr kleines Kind, während Gayatri, Balu und Narayanan die Matratze auf dem Bett ausbreiteten. Dieser Beweis ihres grenzenlosen Mitgefühls veranlaßte Ottoor zu dem Ausruf: «O Amma, Mutter der Welt, warum überschüttest du dein unwürdiges Kind mit so viel Liebe und Mitgefühl? O Amma, Amma, Amma ...»

Mutter legte ihn sanft aufs Bett und sagte: «Schlaf gut, mein Sohn Unni Kanna. Mutter kommt am Morgen wieder.»

«O Amma, laß mich für immer schlafen», erwiderte Ottoor.

Mutter warf Ottoor noch einen gütigen Blick zu und verließ das Zimmer.

In dieser Nacht diktierte der Dichter ein letztes Lied:

Die Ärzte hofften, mich zu heilen,
doch gaben sie die Hoffnung auf;
auch meine Verwandten verloren den Mut.
O Mutter, bette mich zart auf Deinen Schoß,
rette mich und laß mich nie im Stich.

O Saradamani, Sudhamani, Heilige Mutter,
wiege mich sanft auf Deinem Schoß,
zeig mir den Ambadi-Mond auf Deinem Antlitz
und segne mich mit Unsterblichkeit.

Offenbare mir Nandas Sohn, den Onkel Mond,
auf Deinem lieben Gesicht
und bette den kleinen Kanna auf Deinen Schoß,
o Mutter, wiege ihn in den Schlaf.

Um sieben Uhr am nächsten Morgen, es war Freitag, der 25. August 1989, ließ Mutter Narayanan rufen. Sie teilte ihm mit, daß Ottoor in wenigen Stunden seinen Körper verlassen werde, und trug ihm auf, seinen Onkel zu fragen, ob seine sterbliche Hülle im Ashram oder an seinem Geburtsort beerdigt werden solle. Narayanan richtete Ottoor Mutters Frage aus. Obwohl seine Stimme sehr schwach war, antwortete er deutlich und mit einer entschiedenen Handbewegung: «Ich will hier beerdigt werden, auf diesem heiligen Land, und nirgendwo sonst.»

Gegen zehn Uhr bat Ottoor Brahmacharini Leela[18], die an seiner Seite stand, Mutter zu rufen. Aber Leela schenkte seiner Bitte keine Beachtung, sie hielt ein Medikament in der Hand und erklärte Narayanan gerade, wie es zu dosieren sei. Schließlich versetzte Ottoor Leela einen unsanften Stoß und gab mit Gesten zu verstehen: «Keine Medizin mehr! Geh und hole Mutter!» Leela verließ den Raum; in den nächsten Minuten sah man, wie Ottoors Lippen sich bewegten: er wiederholte unentwegt «Amma, Amma, Amma…» und sank dabei in eine Art *samadhi*.

Mutter hielt sich zu diesem Zeitpunkt in ihrem Zimmer auf. Als Leela eintrat, sagte sie zu Gayatri und Leela: «In wenigen Minuten wird Ottoormon seinen Körper verlassen. Aber für Amma ist es noch nicht an der Zeit, dort zu sein. Jetzt ist sein Gemüt ganz und gar auf Amma gesammelt. Diese intensive Sammlung wird sich zu einer Art *layana* (Verschmelzen) steigern.

---

[18] Brahmacharini Leela führt heute den Namen Swamini Atmaprana. Sie war früher praktizierende Ärztin.

Wenn es soweit ist, geht Amma zu ihm. Die Intensität hätte nachgelassen, wenn sie schon früher zu ihm gegangen wäre.» Kurz darauf verließ sie ihr Zimmer und begab sich in Begleitung von Leela zu Ottoor. Sie betrat das Zimmer mit einem strahlenden Lächeln und setzte sich zu Ottoor aufs Bett. Mit einem Leuchten auf dem Gesicht schaute sie ihren Unni Kanna an, als wolle sie ihm sagen: «Komm, mein Sohn, mein Liebling Unni Kanna, geh auf in mir, deiner ewigen Mutter!» Wie sie vorausgesagt hatte, lag Ottor im *layana*. Mutter streichelte ihn, sie strich ihm liebevoll über Kopf und Brust. Obwohl Ottoor sich in *samadhi* befand, waren seine Augen halb geöffnet. Auf seinem Gesicht konnte man keine Spur von Schmerz oder Kampf erkennen. Er war offenkundig in Seligkeit versunken. Mutter hob seinen Kopf sanft hoch und bettete ihn auf ihren Schoß. Dabei ließ sie ihre rechte Hand auf seiner Brust ruhen und schaute ihm weiterhin ins Gesicht.

Mutter streichelte zart die sich nun für immer schließenden Augenlider ihres Unni Kanna, des auf ihrem Schoß liegenden berühmten Dichters und Gottliebenden. Ottoor verließ seinen Körper – seine Seele wurde für alle Ewigkeit eins mit Mutter. Mutter beugte sich nieder und küßte ihn liebevoll auf die Stirn.

So erfüllten sich durch die allumfassende Liebe der göttlichen Mutter die letzten Verse seines Liedes *Kannante Punya*, das er fünfundzwanzig Jahre vor Mutters irdischer Geburt komponiert hatte:

Wenn das Spiel vorüber ist,
sinke ich dann zuletzt
auf meiner Mutter Schoß?
Und wenn ich auf dem Schoß der Mutter liege,
werde ich dann selig schlafen?

Wann, wenn ich schlafe,
werde ich träumen
von Krishnas anmutiger Gestalt,
die in meinem Herzen wohnt?
Und wann, wenn ich erwache,
werde ich Krishna schauen,
den Verzauberer der Welt?

Diese Begebenheit zeigt beispielhaft, wie der Satguru, der kein anderer ist als Gott selbst, die Wünsche eines aufrichtigen Devotees erfüllt.

Ein anderer bedeutsamer Aspekt dieser Episode ist Mutters Antwort auf Ottoors Befürchtung, er könne während ihrer Weltreise sterben. Sie hatte darauf, wie schon erwähnt, erwidert: «Nein, mein Sohn Unni Kanna, das wird nicht geschehen! Du kannst sicher sein, daß du deinen Körper erst nach Mutters Rückkehr verläßt.»

Wer kann irgend jemandem eine solche Zusicherung geben, eine Garantie, daß er nicht vor einem bestimmten Zeitpunkt stirbt? Mutters Antwort klingt so entschieden, als stünde der Tod vollkommen unter ihrer Kontrolle, wenn sie ihm erklärt: ‹Solange ich es nicht erlaube, kannst du meinem lieben Kind nichts anhaben.› Und der Tod gehorchte ihr! Wer anders als Amma, nach Ottoors Worten ‹die göttliche Mutter der Welt, die vollkommene Offenbarung der absoluten Wahrheit (Brahman); die Verkörperung von Sein, Bewußtsein und Glückseligkeit; die höchste Göttin in menschlicher Gestalt...›[19] kann den Tod auf diese Weise befehligen? Wer anders als Gott selbst kann einen solchen Befehl geben? Nur wer über den Tod hinausgelangt ist, kann sagen: ‹Halte an und warte, bis ich dir die Erlaubnis gebe!› Ist nicht genau dies hier geschehen?

Nach Ottoors Tod schrieb N.V. Krishna Warrier, ein berühmter Schriftsteller, Sprachwissenschaftler und Gelehrter aus Kerala, in einer führenden Zeitung einen Leitartikel über Ottoor. Darin heißt es: «Ottoor sah die universelle Mutter in der jungen Mata Amritanandamayi. Sie liebte den betagten Ottoor von Herzen als ihren eigenen Sohn. Es war eine einzigartige Beziehung von Mutter und Sohn.»

Wenden wir uns nun wieder jenem Nachmittag zu, einige Jahre vor Ottoors Tod. Balu kehrte mit Ottoor zum Kokoshain zurück, er hielt den alten Dichter an der Hand. In Demut und Hingabe fiel Ottoor Mutter zu Füßen. Der Länge nach vor ihr liegend, sagte er: «Amma, du weißt, daß dein Diener dich sehen

[19] Aus den ‹Einhundertundacht Namen›.

wollte. Ich sehnte mich danach, bei dir zu sein. O Amma, du hast mich holen lassen, weil du meinen Herzenswunsch kanntest. Bitte, setze mir deine heiligen Füße auf den Kopf.» Mutter antwortete lachend: «Nein, nein, Unni Kanna, sie sind ganz schmutzig.» Mit feierlicher, erhobener Stimme erwiderte er: «Was sagst du? Schmutzig! Deine Füße? O Amma, sag das nicht! Ich weiß, daß im Staub deiner Füße die Kraft liegt, die Dunkelheit der ganzen Welt zu vertreiben. Bitte, setze deine Füße auf meinen Kopf, sonst stehe ich nicht auf.»

Zuletzt mußte Mutter Ottoors Wunsch erfüllen: sie setzte ihm ihre Füße auf den Kopf. Der große Devotee war selig. Er rief laut: *«Anandoham, Dhanyoham, Anandoham»* (Ich bin glückselig, ich bin gesegnet, ich bin glückselig). Während er dies wiederholte, nahm er Staub von Mutters Füßen und rieb ihn sich über den ganzen Leib.

Ottoor kniete vor Mutter, und sie schloß ihn liebevoll in die Arme. Der berühmte Dichter schaute wie ein unschuldiges Kind zu ihr auf, und mit Tränen in den Augen schluchzte er: «O Amma, verlaß dieses Kind nie. Erlaube mir, immer in deiner göttlichen Gegenwart zu sein!»

# EPILOG

# Seva-Ammas Weg des selbstlosen Dienens und der Hingabe

Dieses Buch soll nicht enden, ohne unseren Lesern einen Einblick in die Form von Ammas Dienst an der Welt gewährt zu haben.*

Ammas Hauptseva ist ihr *darshan*. Während ihres jährlichen Europabesuches kommen zweimal täglich jeweils bis zu zweitausend Menschen zu ihr, die sie einzeln segnet und umarmt. Jeder erhält das Gefühl, daß sie in diesem Moment nur für ihn allein da ist.

Es ist immer eine einmalige Erfahrung, Amma beim *darshan* zu betrachten. Einer nach dem anderen kommen die Menschen zu ihr. Manche weinen. Andere öffnen ihr Herz und bitten um Ammas Segen und ihre Gnade. Wieder andere lachen und freuen sich. Sie drücken so ihre Freude und ihre Dankbarkeit aus für Ammas unendliche Liebe. Manche haben keinen anderen Wunsch, als geistig fortzuschreiten. Sie bitten um Ammas ständige Führung und um Erbarmen. Andere haben noch unerfüllte Wünsche und viele wollen, daß Amma ihre Probleme löst. Der *darshan* ist eine endlose Kette von Menschen und Problemen. Amma tröstet alle Weinenden, trocknet ihre Tränen und versichert ihnen, daß sie immer mit ihnen sei. Sie lacht mit denen, die sich freuen und nimmt an ihrem Glück teil. Es ist also kein Wunder, daß die Wartenden keine Unbequemlichkeit scheuen, um

* Der nachfolgende Text ist entnommen aus: *Matruvani* (Deutsche Ausgabe), Heft 12, Winter 1995.

bei Amma Trost und Erleichterung zu suchen. Ihre schützenden Flügel sind breit wie das Universum. Ammas liebende Fürsorge zu ihren Kindern ist unendlich, denn es gibt nichts, was nicht in ihrer Macht stünde.

Amma schenkt sich den Menschen ganz, auch körperlich, indem sie bis zu zwölf Stunden täglich *darshan* gibt. In Indien sind die Menschenmassen, die zu ihr strömen, noch erheblich größer. Es kann bei bestimmten Gelegenheiten sein, daß bis zu zehntausend Personen an einem Tag von ihr empfangen werden.

«Wenn ein Gottsucher nicht arbeitet, betrügt er Gott und die Welt im Namen der Spiritualität», sagt Amma. Sie selbst geht stets mit gutem Beispiel voran – sei es, daß sie das Ashramgebäude säubert, bei den Bauarbeiten mithilft, Steine und Sandsäcke schleppt oder die Küche inspiziert und mit sicherem Blick alle schmutzigen Winkel entdeckt. Um den stetig wachsenden Ashram mit seinen mittlerweile bis zu fünfhundert ständigen Bewohnern zu leiten und funktionsfähig zu halten, hilft Amma bei allen administrativen Aufgaben und fällt alle wesentlichen Entscheidungen selbst. Außerdem müssen zahlreiche karitative Einrichtungen, so mehrere Krankenhäuser und Schulen sowie ein Waisenhaus, durch sie geführt werden.

Ammas Leben besteht wahrlich aus pausenlosem Dienen. Um zu verdeutlichen, welche Haltung wir während des Arbeitens einnehmen sollten, gibt uns Amma die folgende Anleitung: «Kinder, erkennt, daß jede einzelne Tätigkeit Dienst für Gott ist und eine Gelegenheit, das Gemüt zu reinigen. Versucht, sie nicht nur als Arbeit zu sehen. Es ist leicht, etwas zu machen, was man gerne tut; aber wirklicher selbstloser Dienst besteht darin, etwas zu tun, was man nicht mag, etwas, was einem schwierig erscheint. Nur das zu tun, was einem gefällt, heißt, das Gemüt zu verwöhnen und die *vasanas* zu stärken, während es dagegen die Seele stärkt, eine Arbeit, die man nicht gerne macht, mit ganzem Herzen zu verrichten. Den Vorlieben und Abneigungen des Gemütes nachzugeben ist etwa so, wie mit einem ungesattelten Pferd einen steilen Abhang hinaufzureiten. Das Pferd wird uns im Nu abwerfen, und wir enden im Unglück. Desgleichen werden wir ruiniert, wenn wir uns dem Gemüt unterwerfen und ihm schwächlich dorthin folgen, wo immer es uns hinführen will.

Kinder, haltet nicht an der Idee fest, daß ihr es seid, die die Arbeit tun. Denkt, daß es Gott ist, der die Arbeit durch euch tut. Er gibt Kraft und Inspiration, um eine Arbeit auszuführen. Es liegt nicht in unserer Macht, irgend etwas aus eigenen Kräften zu tun. Wenn zum Beispiel eure Hand verstaucht ist, könnt ihr dann arbeiten? Zu denken: ‹Ich bin es, der handelt›, ist egoistisch. Es ist wie der Brunnen, der sich brüstet: ‹Seht, jedermann braucht mein Wasser, um seinen Durst zu stillen. Die Leute brauchen es auch für ihr Bad, und sogar für die Zubereitung der rituellen Speisen für die Gottheiten muß ich ihnen Wasser liefern.› Der Brunnen weiß aber nicht, woher sein Wasser kommt, wer ihn aushob und Erde und Lehm entfernte, damit das klare Wasser sich darin sammeln konnte.

Kinder, pflegt deshalb die Idee, daß Gott der Handelnde ist und wir nur das Werkzeug in seiner Hand. Wenn er seine Gnade und Kraft durch uns fließen läßt, können wir alles tun. Wenn wir dieses Gefühl entwickeln, wird uns Arbeit nie mehr als Bürde erscheinen.

Allerdings, wenn ihr euch zu sehr überanstrengt, wird dies zu Abneigung und Bedauern führen. Das sollte nicht sein. Aber verlaßt andererseits eine Arbeit nicht sofort, wenn ihr euch ein bißchen müde fühlt. Versucht, noch ein wenig weiterzumachen, indem ihr es euch abfordert – im Vertrauen darauf, daß Gott euch die notwendige Kraft verleihen wird. Auf diese Weise wird die Bürde der Arbeit von euch genommen und gleichzeitig macht ihr Fortschritte in eurem *sadhana*, indem die Begrenzungen aufgelöst werden, die durch die Idee ‹Ich bin der Körper› entstanden sind.»

Amma betrachtet *seva* als *sadhana*. *Seva* ist Dienst, der mit Hingabe verrichtet wird, ohne jede Erwartung eines persönlichen Nutzens oder eines Wortes der Dankbarkeit. Uns, die wir in der Welt leben, rät Amma, unsere Arbeit nicht allein um des Geldes willen zu verrichten und auch nicht zu denken, daß wir für einen Chef oder eine Firma arbeiten. Wir sollten die Haltung entwickeln, daß wir durch diese Arbeit Gott dienen und daß es sein Wille ist, wenn uns hier und jetzt diese besondere Pflicht zufällt. Für einen geistigen Sucher sind Vorgesetzte, Mitarbeiter, Kollegen oder Familienmitglieder nur verschiedene Formen des Göttlichen.

# Glossar

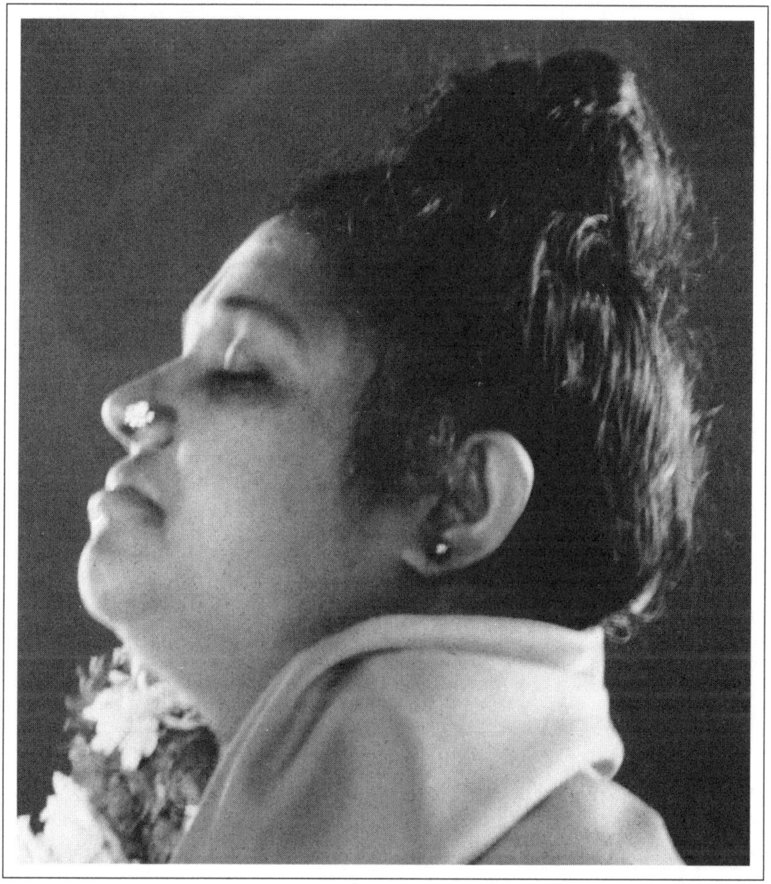

| | |
|---|---|
| *abhaya mudra* | Die «Fürchte dich nicht!» versichernde Geste |
| *achara* | Traditionelle Höflichkeitsform |
| *arati* | Bei der abendlichen Gottesverehrung das Schwenken einer Schale mit brennendem Kampfer, der keine Asche zurückläßt; symbolisch für das völlige Opfern des Egos an Gott |
| *atma shakti* | Die Energie des Selbst oder der Seele |
| *avatar* | Inkarnation des Göttlichen |
| *bhajan* | Gesang zu Ehren Gottes |
| *darshan* | Das Anschauen eines Heiligen |
| *dharma* | Rechtschaffenheit; Pflichten, die der Mensch im Einklang mit dem göttlichen Gesetz zu erfüllen hat |
| *jagrat* | Der Wachzustand |
| *kirtan* | Im Wechsel von Vorsänger und Gruppe gesungene Lieder zur Ehre Gottes |
| *Lalita Ashthottara* | Die einhundertundacht Namen der Göttlichen Mutter Sri Lalita |
| *layana* | Verschmelzen, das Einmünden ins Gottesbewußtsein |
| *lila* | Das göttliche Spiel |
| *mahatma* | Wörtlich «große Seele»; Heilige(r), Selbstverwirklichte(r) |
| *maya* | Illusion, Schleier der Vielfalt, der die eine Wirklichkeit verhüllt |
| *moksha* | Befreiung, Erlösung |
| *mudra* | Geste der Hände, die einen Aspekt göttlichen Tuns symbolisiert |

| | |
|---|---|
| *nirvana* | Erlösung aus dem Kreislauf von Geburt und Tod |
| *pada puja* | Rituelle Verehrung der Füße eines Heiligen oder eines Kultbildes |
| *panchamritam* | Eine marmeladenähnliche Süßigkeit, die in Hindutempeln als Opfergabe verwendet wird |
| *Parashakti* | Die kosmische Energie und höchste Göttin |
| *peetham* | Der geweihte Sitz, auf dem Mutter während des Devi Bhava Platz nimmt |
| *pralayagni* | Das Feuer der Weltauflösung am Ende eines Schöpfungszyklus |
| *prasad* | Geweihte Speise, Geschenk Gottes |
| *puja* | Rituelle Verehrung, Gottesdienst |
| *punya* | Verdienst aus selbstlosem Handeln; Gegenteil von Sünde |
| *purnam* | Voll, vollkommen |
| *purusha* | Wörtlich «Mensch, Mann»; der mythische Urmensch; das reine geistige Prinzip; das Selbst |
| *purusharthas* | Die vier Ziele des menschlichen Lebens: Wohlstand, Genuß, Rechtschaffenheit, Befreiung |
| *rajas* | Eine der drei *gunas* oder Eigenschaften der Natur; das Prinzip der Aktivität |
| *sadhaka* | Jemand, der *sadhana* ausübt; spirituell Suchender |
| *sadhana* | Sammelbegriff für spirituelle Übungen |
| *sakshi bhava* | Der Zustand des Zeugen; vollkommen aufmerksames, aber unbeteiligtes Beobachten |
| *samadhi* | Versunkenheit ins Selbst, in das Wahre und Wirkliche |
| *sankalpa* | Schöpferischer Entschluß, der sich in Denken, Fühlen und Handeln offenbart |
| *sannyasin* | Jemand, der der Welt entsagt hat und nur noch Befreiung erstrebt |
| *sarvasakshi* | Universaler Zeuge; eine Qualität des Göttlichen |

| | |
|---|---|
| *sattva* | Eine der drei *gunas* der Natur; das Prinzip von Reinheit und Harmonie |
| *Shiva* | Gottheit in der Hindu-Trinität (neben Brahma und Vishnu); Zerstörer der Unwissenheit |
| *Shiva Lingam* | Das oval geformte Symbol Shivas |
| *sushupti* | Der Zustand tiefen, traumlosen Schlafs |
| *swapna* | Der Traumzustand |
| *tapas* | Askese; Buße; intensive spirituelle Übungen |
| *Upanishaden* | Der letzte Teil der Veden, der das Wesen des Absoluten *(Brahman)*, der transzendenten Wirklichkeit, des wahren Selbst behandelt |
| *utsavam* | Fest |
| *vahana* | Wörtlich «Fahrzeug»; Tragetier einer Gottheit |
| *vasanas* | Neigungen, Gewohnheiten, Triebe aus früheren Leben, die, uns unbewußt, als Bereitschaft zu gegenwärtigem oder künftigem Handeln keimhaft in uns wirken |
| *Vaikuntha* | Der Himmel Vishnus |
| *Vedas* | wörtlich «Wissen»; heilige Schriften der Hindus |
| *yantra* | mystisches Diagramm |

Dieses Buch wird als letztes Geschenk in Demut niedergelegt zu den Lotosfüßen unserer geliebten Mutter, Mata Amritanandamayi, dem strahlenden Licht im Herzen aller Wesen.

Ihr deutscher Verleger
Paul A. Zemp († 8. 7. 1996)

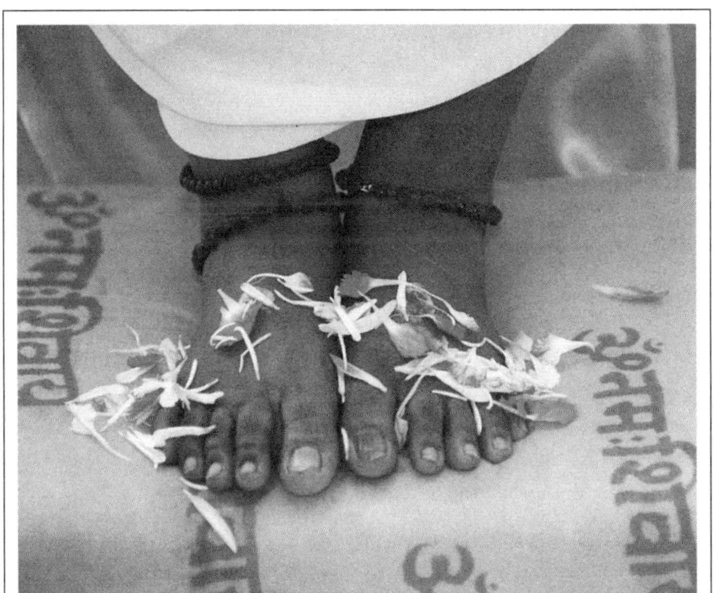

# Wichtige Hinweise

Die genaue Anschrift des Ashrams lautet:

Mata Amritanandamayi Mission Trust
Amritapuri P.O., Kollam, Dt., Kerala
INDIA 690525

Auskünfte über Mata Amritanandamayis Europabesuche, die verschiedenen Stationen der Reise und jeweiligen Veranstaltungen erhalten Sie beim Ansata-Verlag; bei Heidi Fürer-Bucher, Wagenhalde 8, CH-8162 Steinmaur oder bei M. Wolfsteller, Linzhausenstr. 82, D-53545 Linz.

*Ein neues, leuchtendes Glied in der ununterbrochenen Kette indischer Weisheit*

**Mata Amritanandamayi**
**MUTTER DER UNSTERBLICHEN GLÜCKSELIGKEIT**
**Leben und Lehren einer jungen indischen Weisen der heutigen Zeit**
Paperback mit Spezialbindung
380 Seiten, mit 14 Fotos
ISBN 3-7157-0121-8

Mata Amritanandamayi ist ein Wesen, aus dem die Liebe strahlt und sich ausbreitet. Sie lebt nur zum Wohl der Mitmenschen, trotz oft beinahe unerträglicher äußerer Umstände. Ihre sanfte und allumfassende Liebe, ihre Sorge um das Glück der Mitmenschen, ihre außerordentliche Zugänglichkeit und ihre unaufhörliche, selbstlose Bereitschaft zu dienen, ohne auf die persönliche Bequemlichkeit zu achten, macht sie zu einem wahren Vorbild.

Ammaji, wie sie gern liebevoll genannt wird, hielt auf ihrer geradlinigen Suche nach der göttlichen Mutter und dem göttlichen Vater allen Feindseligkeiten ihrer Familie, ihrer Verwandten und des Dorfes stand und trotzte allen Widersachern, die versuchten, sie zu vernichten.

Der erste Teil dieses Buches zeugt von ihrem unsäglichen Leiden und gewaltigen Ringen nach Gottesverwirklichung in einem Ausmaß, wie es in der gesamten spirituellen Literatur nur selten dargestellt wurde. Er berichtet, wie sie als Kind trotz Härte und Erniedrigungen stets fröhlich ergeben ihre Pflichten erfüllte und wie sie meist nur in der Ruhe der Nacht Trost und Geborgenheit fand in Gebeten, Liedern und Visionen des Göttlichen. Ihre strenge Disziplin und große Sehnsucht mündete schließlich ein in die Verwirklichung der alles überstrahlenden Universellen Mutter.

Der zweite Teil zeigt die Heilige Mutter als einzigartige Lehrerin in allen möglichen Aspekten. Viele Anhänger und Schüler erzählen vom unerschrokkenen Einsatz der jungen indischen Weisen und von ihrem wundertätigen Wirken, mit dem sie ihre befreienden Lehren tatkräftig unterstützt. Den Abschluß des Buches bilden ihre präzisen Aussagen voll intuitiver Weisheit sowie Antworten auf die immer wiederkehrenden Fragen von Menschen, die – überall auf der Welt – auf der Suche nach dem wahren Glück sind.

*Zeitlose Weisheiten als Wegweiser*
*für ein spirituelles Leben heute*

**GESPRÄCHE MIT AMMA**
Die Lehren der Heiligen Mutter
**Mata Amritanandamayi**
228 Seiten, Paperback
ISBN 3-7157-0169-2

Zu allen Zeiten hat es in Indien große spirituelle Lehrer und Lehrerinnen gegeben, die jene Weisheit verkörperten, die die heilige Überlieferung des Landes in sich birgt. Die noch junge indische Weise Mata Amritanandamayi (Mutter der unsterblichen Glückseligkeit), bekannt geworden durch die Veröffentlichung ihrer bisherigen Lebensgeschichte und durch ihre regelmäßigen Europabesuche, setzt heute diese alte Tradition fort.

Seit Amma (Mutter) zu lehren begann, wurden ihre Worte von Schülern aufgezeichnet. Das vorliegende Buch bringt eine Auswahl aus einer bereits mehrbändigen Ausgabe von Lehrgesprächen der Heiligen. Hierzu sind besonders Fragen zu Themen ausgewählt worden, die für westliche Suchende von Bedeutung sind. Mata Amritanandamayi erweist sich darin als eine überaus praktische Heilige. So bietet sie keine weltfremden Theorien oder komplizierten Techniken an, sondern zeigt in einfacher, aber bildreicher Sprache nachvollziehbare Wege auf, wie jeder Suchende in Kontakt mit seinem Innersten treten und die Einswerdung mit dem Höchsten erlangen kann.

Die Worte der Heiligen Mutter sind ein lebendiger Aufruf, daß ein jeder an seinem Platz, in seiner Familie und in seinem Beruf ein Diener des Höchsten werden soll und daß wahrhafte Spiritualität sich nur im Alltag bewähren kann. So sind denn auch ihre Antworten auf Fragen zu täglichen Problemen des Zusammenlebens und praktizierter Spiritualität sehr hilfreich, einfach und bodenständig – jedoch immer getragen und beseelt von ihrer allumfassenden Liebe und Güte.

*Der Weg der Liebe und Hingabe –*
*zur erlebten Einheit mit dem göttlichen Ursprung*

**GESPRÄCHE MIT AMMA 2**
Die Lehren der Heiligen Mutter
**Mata Amritanandamayi**
228 Seiten, Paperback
ISBN 3-7157-183-8

Wie das erste Buch der «Gespräche mit Amma» enthält dieser Nachfolgeband Gespräche von Mata Amritanandamayi mit ihren Schülern und mit Besuchern ihres Ashrams an der südindischen Küste. Sie beantwortet Fragen, die jeden Menschen irgendwann betreffen, z.B. zum oft schwierigen Zusammenleben in Familie und Gesellschaft, zur Arbeit und zur Einstellung zu ihr, zum Einfluß des Karmagesetzes auf das menschliche Leben, zu Sterben, Tod und Überwindung der Todesfurcht, zu den Gesetzen spiritueller Evolution und zum inneren Zustand des erleuchteten Menschen.

Ammas Antworten sind immer sehr klar, gut verständlich und lebensnah. Oft illustriert sie ihre Erklärungen mit Vergleichen, Beispielen, Geschichten und Anekdoten. In ihren Antworten wird stets deutlich, daß die Lösung der menschlichen Probleme in der inneren spirituellen Entwicklung liegt. Wer ernsthaft nach Selbstverwirklichung und Befreiung strebt, soll diszipliniert und geduldig an sich arbeiten, soll seine Ich-Bezogenheit ablegen und dafür Mitgefühl und Liebe kultivieren sowie eine Haltung der Ehrfurcht vor allem Leben annehmen.

Amma lehrt, daß dieses große Ziel trotz unvermeidbarer Rückschläge erreichbar ist und daß der Lohn in einer unerschütterlichen Glückseligkeit besteht, die aus der erlebten Einheit mit dem göttlichen Ursprung erwächst. Die Mittel, um dieses Ziel zu erreichen, sind Meditation, Gebet und das Erwecken einer persönlichen Liebesbeziehung zu Gott.

Alle Gespräche dieses Bandes haben die Frische gelebter Spiritualität. Sie erwecken und stärken den Wunsch, den Weg der Liebe und Hingabe zu beschreiten, sie geben die Zuversicht, daß dieses Ziel erreichbar ist, ja, daß es in jedem Menschen selbst liegt als ein unermeßliches Potential von Bewußtsein und Freude.